Anni von Bergen

» A Sauer- kraut's Kitchen «

Auf zeichnerischer Entdeckungsreise durch Deutschlands Küchen

JAJA VERLAG

ESSEN ZEICHNEN

WARUM SPEISEN ZEICHNEN UND NICHT FOTOGRAFIEREN? IN ZEITEN VON INSTAGRAM UND FOODBLOGGERN EINE INTERESSANTE FRAGE.

Ich erinnere mich, dass ich als Kind oft zusammen mit meinem Vater kochte. Ich denke dabei an den Anblick der Lebensmittel, wie sie schön ausgebreitet vor mir auf dem Küchentisch lagen, die Haptik, den Geruch und das Brodeln des Suppentopfes aus dem Off. Da war der Duft der Speisen, wie er sich nach und nach im ganzen Haus verbreitete. Noch heute ist für mich beim Kochen der Weg das Ziel, das sinnliche Erlebnis und das gemeinsame Arbeiten in der Küche, die Begeisterung und der Austausch. Am Ende das gemeinsame Essen. Alle schauen einander an in Slow Motion, alle seufzen, genießen und schweigen.

In der Illustration gibt es ähnlich sinnliche Momente. Der weiche Bleistift auf dem rauen Papier, der Pinsel in Farbe getaucht, die saftigen pastosen Striche auf der Leinwand. All die herrlichen Farben, wie sie aufgereiht vor einem stehen, leuchtend und kraftvoll. Und die Befriedigung am Ende, wenn das Bild fertig ist. Das Resultat muss nicht Abbild der Realität sein, um wirklich perfekt zu sein. Das wissen wir von all den Picassos und Dalís dieser Welt. Vielmehr machen das ausgewogene Zusammenspiel der Farben und die eingefangene Stimmung das Bild besonders – genauso wie bei einem guten Essen.

Malerei und Kochen zu verbinden, bedeutet für mich ein Höchstmaß an Sinnlichkeit zu erreichen. Dem Betrachter einen Blick auf das Besondere beim Essen zu verschaffen. So tauche ich ein in die Wärme, die ein Butterkuchen braucht, um schön aufzugehen oder fühle mich in den Tag am Badesee ein, stehe im kühlenden Schatten, in der Hand eine schmackhafte Currywurst. Für mich bietet das Zeichnen viel mehr, als nur das Essen abzubilden. Ich versetze mich quasi in das Erleben des Essens.

(VERANTWORTUNGS-) BEWUSST ESSEN

Lange Zeit ernährte ich mich vegetarisch. Eine Menge der Rezepte funktionieren fabelhaft vegetarisch und vegan. Doch mein Anspruch ist in diesem Buch ein anderer: Weder möchte ich Debatten für den Vegetarismus führen, noch möchte ich mich für den Fleischkonsum stark machen. Heutzutage finde ich viel wichtiger zu fragen: Wie oft genieße ich Fleisch, wie viel Wertschätzung bringe ich dem Tier und meiner Umwelt entgegen und wie kann ich selbst die Welt ein bisschen besser gestalten?
Unlängst wissen wir, dass Fleischkonsum der größte Mitverursacher für die Umweltverschmutzung und den Klimawandel ist. Muss es die Maxipackung Eier aus der Bodenhaltung sein oder kaufe ich weniger und dafür bio? Muss meine Currywurst aus Fleisch sein oder schmeckt sie nicht genauso gut aus geräuchertem Tofu?

ROSMARIN

Der Sonntagsbraten heißt so, weil ich ihn an Sonntagen aß. Das ist eine Tradition, die ich nun fortführe, seitdem ich wieder Fleisch- und Tierprodukte genieße.

WARUM „A SAUERKRAUT'S KITCHEN"?

Als ich in Berlin lebte, hatte ich eine Menge englischsprachige Freunde und Bekannte. In lockerem Englisch tauschten wir uns über die Speisen aus der Heimat aus. „What we love to eat at home!" Spaß machte es, gemeinsam guten Borschtsch, Chatschapuri und portugiesische Vanilletörtchen zu essen! Mein Kochbuch über deutsche Küche avancierte zur Identitätssuche. „A Sauerkraut's kitchen" ist es ein künstlerisches Machwerk, dem ein verspielter Entdeckergeist innewohnt.

Damals in Berlin begann die Reise durch mein eigenes Heimatland. Seither gehe ich regelmäßig auf Wochenmärkte, besuche Biohändler auf dem Land und koche regionale Gerichte mit Freunden. Ich liebe es, ein Abendessen mit Freunden zusammen zu planen und dabei zu zeichnen.
Und das Essen immer mit frischen Gewürzen aus der Mühle würzen – Damit fängt es an!

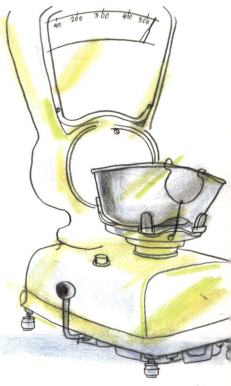
TACHOSCHNELLWAAGE 1950

PETERSILIE (KRAUS)

DIE REZEPTE

Es geht auf Reisen

...DURCH DIE EINZELNEN BUNDESLÄNDER. MEIN WEG FÜHRT VON DER HAUPTSTADT AUS RICHTUNG NORDEN, VON DORT AUS NACH WESTEN UND IN DEN SÜDEN NACH BAYERN UND DURCH DEN OSTEN ZURÜCK.

1 | Berlin
Königsberger Klopse	12
Kalbsleber Berliner Art	14
Kalter Hund	15
Currywurstsoße	16
Kohlrouladen	18

2 | Mecklenburg-Vorpommern
Klütersuppe	22
Eier in Senfsoße	24
Pommersche Götterspeise	26

3 | Hamburg
Franzbrötchen	30
Labskaus	34
Beern, Boh'n un Speck	36

4 | Schleswig-Holstein
Eingelegte Bratheringe	40
Bratkartoffeln	40
Rhabarberkuchen mit Streuseln	42
Heringssalat mit Rote Bete	44

5 | Bremen
Bremer Klaben	48
Gebackener Stint	50
Braunkohl mit Pinkel	52

6 | Niedersachsen
Bookweiten-Janhinnerk	56
Butterkuchen	58
Mockturtle	60
Rullerkes	62

7 | Nordrhein-Westfalen
Himmel und Ääd	68
Pfefferpotthast	70
Reibeplätzchen mit Apfelmus	71
Sauerbraten	74
Herrencreme	75

8 | Rheinland-Pfalz
Zwiebelkuchen mit Speck	80
Keschdesupp	82
Weißweingeschnetzeltes	84

9 | Hessen
Roggenbrot	88
Handkäs' mit Musigg	89
Tafelspitz mit grüner Soße	90
Bethmännchen	92

10 | Saarland
Dibbelabbes	96
Viezsuppe	98
Geheirade	100

MIT FLEISCH MIT FISCH
VEGETARISCH VEGAN
SÜSSES

11 | Baden-Württemberg
Kässpätzle 104
Schwarzwälder Kirschtorte 106
Maultaschen 108
Dinnete 110

12 | Bayern
Schäuferla 116
Schupfnudeln 118
Rinderrouladen 120
Rotkohl 121
Knödel 122
Obatzter 124
Brezn 125
Donauwelle 126
Nonnenfürzle 127

13 | Thüringen
Biersuppe 130
Mutzbraten 132
Sauerkraut 133
Heidelbeerkäsekuchen 134

14 | Sachsen
Buttermilchgetzen 138
Prasselkuchen 139
Senffleisch 140
Leipziger Allerlei 142

15 | Sachsen-Anhalt
Schusterpfanne 146
Quarkkäulchen 148
Pottsuse 150

16 | Brandenburg
Arme Ritter 154
Spargel mit Sauce Hollandaise 156
Eisbein mit Erbspüree 158

Dankeschön 166
Über die Autorin 167
Impressum

…RHABARBERSTREUSEL-KUCHEN! (REZEPT n.42)

HMMM…

KANN ICH MAL DAS SALZ HABEN?

OB DU DAS KANNST, WEISS ICH NICHT...
ß

INSTAGRAM: @ALMAN_MEMES2.0

BERLIN 17

Königsberger Klopse

BERLINER, BZW. OSTPREUSSISCHE SPEZIALITÄT. DER NAME SETZT SICH ZUSAMMEN AUS DEM URSPRÜNGLICHEN NAMEN „KÖNIGSBERG" FÜR KALININGRAD UND DEM OSTPREUSSISCHEN „KLOPS" FÜR „KLEINER KLOSS".

FÜR 4 PERSONEN

FÜR DIE BÄLLCHEN
500 g Rinderhackfleisch
1 Brötchen vom Vortag
1 Tasse Milch, lauwarm
2 Schalotten
3 Eier (M)
4 Sardellenfilets
50 g Butter
10 Kapern
Biozitronenschale, gerieben
2 Lorbeerblätter
1 Prise Rohrohrzucker
Salz und Pfeffer aus der Mühle
Muskatnuss, gerieben

KARTOFFELN UND SOSSE
1 kg Kartoffeln
2 Eier (M)
100 ml Sahne
Zitronensaft
Fleischbrühe
1 Glas Weißwein
3 EL Weizenmehl, Type 405
glatte Petersilie

ZEITAUFWAND
ca. 40 Minuten

SCHWIERIGKEITSGRAD
Normal

1| Das Brötchen würfeln und mit warmer Milch bedecken. Das Hackfleisch in eine Schüssel geben. Schalotten häuten und fein würfeln. Sardellenfilets klein schneiden. Fleisch, Eier, Zitronenschale zum Fleisch geben. Hände mit Wasser befeuchten und alles vermengen. Mit Pfeffer und Salz würzen. Kleine Fleischbällchen rollen.

2| Geschälte Kartoffeln in einem Topf mit leicht gesalzenem Wasser zum Kochen bringen und gar kochen.

3| In einem großen Topf ca. zwei Liter Fleischbrühe zum Kochen bringen, Lorbeer und etwas Zitronensaft hinzugeben. Die Klopse hineinlegen, sodass sie mit Flüssigkeit bedeckt sind. 15 Minuten bei wenig Hitze gar ziehen lassen.

4| Anschließend die Fleischklopse mit einem Schaumlöffel aus dem Topf nehmen und auf einem Teller mit Alufolie warm halten. Etwa 2 Finger breit Brühe im Topf behalten.

5| Die Oberfläche mit Mehl bestäuben. Den Deckel 20 Sekunden auf den Topf legen. Anschließend rühren und mit Weißwein und Sahne verfeinern. Den Topf vom Herd nehmen und die Eigelbe schnell in die Soße rühren. Am Ende die Kapern und etwas Zitronensaft hinzugeben. Mit Pfeffer und Salz abschmecken.

Die Kartoffeln aus dem Wasser nehmen und auf einem Teller mit Klopsen und Soße anrichten. Mit etwas gehackter Petersilie bestreuen.

Kalbsleber »Berliner Art« mit Kartoffelpüree

LEBER MIT KARAMELLISIERTEN ÄPFELN UND ZWIEBELN. WICHTIG HIERBEI: DIE LEBER ERST ZUM SCHLUSS MIT PFEFFER UND SALZ WÜRZEN. SALZ ENTZIEHT DEM FLEISCH WASSER UND DER PFEFFER VERBRENNT BEIM BRATEN.

FÜR 4 PERSONEN

FÜR DIE LEBER
4 Scheiben Kalbsleber
3 Boskop Äpfel, mittelgroß
2 Zwiebeln, mittelgroß
4 EL Weizenmehl, Type 405
2 EL Butter
1 EL Zucker
3 Stängel Petersilie, gehackt
Salz und Pfeffer aus der Mühle

FÜR DAS KARTOFFELPÜREE
1 kg Kartoffeln, mehligkochend
100 g Butter
120 ml Milch
Muskatnuss, gerieben
Salz und Pfeffer

ZEITAUFWAND
40 Minuten

SCHWIERIGKEITSGRAD
Einfach

1| Die Kartoffeln waschen, schälen und in große Stücke schneiden. In einem Topf mit Salzwasser gar kochen. Das Wasser abgießen und die Kartoffeln bei kleiner Hitze ohne Deckel kurz ausdämpfen lassen.

2| In einem Topf Milch, Butter, Salz, Pfeffer und etwas Muskat aufkochen. Die Kartoffeln währenddessen stampfen und die Milch unter die Kartoffeln rühren.

3| Die Kalbsleber von Haut, Fett und Sehnen befreien. Die Äpfel waschen, halbieren und in feine Scheiben schneiden. Die Zwiebeln ebenfalls schälen und in Scheiben schneiden.

4| Die Butter in einer Pfanne erhitzen. Einen Teller mit Mehl bereitstellen, die Leber darin kurz wenden und sofort anbraten. Anschließend auf einen Teller legen und mit Alufolie zugedeckt im Backofen bei 70 °C warm halten.

5| In der Pfanne die Zwiebeln und die Äpfel mit etwas Butter anbraten. Mit Zucker bestreuen und karamellisieren lassen. Mit Pfeffer und Salz abschmecken.

Die Leber mit Kartoffelpüree auf einem Teller anrichten. Das Fleisch salzen und pfeffern. Äpfel und Zwiebel über die Leber und Kartoffeln geben, alles mit Petersilie bestreuen.

Kalter Hund

Die Kekstorte wird nicht gebacken, sondern kaltgestellt. Die Bezeichnung „Hund" stammt von „Grubenhunt" aus dem Bergbau. Die Kastenform des Kuchens ähnelt einer Güterlore.

FÜR DEN KUCHEN
250 g Kokosfett
120 g Echtes Kakaopulver
110 g Rohrohrzucker
1 Pck. Bourbonvanillezucker
2 Eier (M)
1 Packung Butterkekse

BELAG (NACH GESCHMACK)
Frische Früchte, gehackte Nüsse, zerkleinerte Butterkekse, etc.

ZEITAUFWAND
ZUBEREITEN 20 Minuten
RUHEN 5 Stunden

KÜCHENUTENSILIEN
(Silikon-)Kastenform oder Kastenform mit Frischhaltefolie ausgekleidet, Handmixer mit Schneebesen

SCHWIERIGKEITSGRAD
Einfach

1| Das Kokosfett in einem kleinen Topf bei mittlerer Hitze schmelzen und anschließend etwas abkühlen lassen. Das Fett sollte lauwarm sein, damit die Eier in der Kakaomasser später nicht gerinnen.

2| Die Eier verquirlen. Die Vanilleschote der Länge nach aufschneiden. Das Vanillemark zusammen mit Kakaopulver, Zucker und Eiern zu einer Masse verrühren. Das Kokosfett nach und nach unter die Masse rühren.

3| Die Kastenform bereitstellen. Abwechselnd Schokoladenmasse und Butterkekse übereinander schichten. Die erste und letzte Schicht sollten aus Schokolade bestehen.

4| Den Kuchen ggf. mit Belag bestreuen, dann mit Frischhaltefolie bedecken und für mind. 5 Stunden im Kühlschrank ruhen lassen.

Den Kuchen aus der Form nehmen, die Folie ablösen und mit einem scharfen Messer in Scheiben schneiden. Auf einem Teller je eine Scheibe mit ein paar frischen Früchten anrichten

SÜSSES

BERLIN

Currywurstsoße

SOMMER IN BERLIN: AB INS FREIBAD ODER AN EINEN DER VIELEN BADESEEN. ERFRISCHT NACH EINEM SPRUNG INS KÜHLE NASS EINE CURRYWURST MIT KNUSPRIGEN POMMES FRITES AUF DIE HAND!

FÜR 4 PERSONEN

FÜR DIE SOSSE
500 g Tomaten, gestückelt
2 EL Tomatenmark
1 Schalotte
1 Knoblauchzehe
80 ml Orangensaft
2 EL Rohrzucker
3 TL Currypulver
1 TL frische Peperoni, gehackt
1/2 TL Zimt
2 TL Paprikapulver
Salz und Pfeffer aus der Mühle
2 EL Pflanzenöl

BEILAGEN
800 g Pommes Frites
4 Bratwürste

ZEITAUFWAND
30 Minuten

ARBEITSAUFWAND
Einfach

1| Schalotte und Knoblauch schälen und feinwürfeln. In einer Pfanne das Öl erhitzen, Schalotte und Peperoni darin glasig dünsten. Dann Tomatenmark, Knoblauch, Gewürze (ohne Zimt) und Zucker hinzugeben und kurz braten lassen.

2| Die Marinade mit dem Orangensaft ablöschen und verrühren, dann Tomaten und den Zimt hinzugeben. Alles verrühren und für 20 Minuten bei wenig Hitze zugedeckt köcheln lassen.

3| Unterdessen die Pommes Frites im Backofen zubereiten und die Würste anbraten. Die Currywurstsoße noch mal abschmecken.

Die Pommes Frites und Bratwurst auf einem Teller anrichten. Etwas Currypulver über die Soße streuen und servieren.

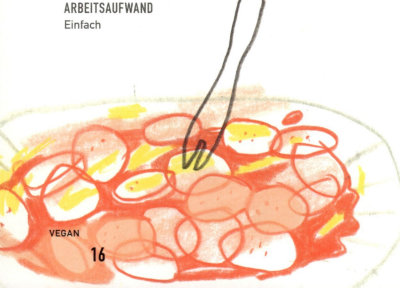

VEGAN

KOHLROULADEN

AUCH KRAUTWICKEL ODER WIRSINGROULADEN GENANNT. KLASSISCHERWEISE MIT HACKFLEISCH, KÖNNEN SIE ABER AUCH MIT FISCH ODER GEMÜSE BEFÜLLT WERDEN.

FÜR 4 PERSONEN

FÜR DIE ROULADEN
1 Weißkohl oder Wirsing
500 g Hackfleisch, gemischt
1 Brötchen vom Vortag
1 Tasse Milch, lauwarm
1 Zwiebel
1 Ei (M)
100 g Speck, gewürfelt
500 ml Gemüsebrühe
1 TL Paprikapulver, scharf
1 TL Senf, mittelscharf
1 El Tomatenmark
etwas Soßenbinder
Salz und Pfeffer
1 Prise Rohrohrzucker
2 EL Butter

ZEITAUFWAND
70 Minuten

BEILAGEN
Petersilienkartoffeln und/oder ein knackiger grüner Salat

KÜCHENUTENSILIEN
Bräter oder tiefe Pfanne, Küchengarn

SCHWIERIGKEITSGRAD
Normal

1| Einen Topf mit Wasser zum Kochen bringen. Die äußeren Blätter des Kohls entfernen, Strunk keilförmig herausschneiden. 8-10 Blätter ablösen. Die Kohlrippe flach schneiden, damit sich die Blätter besser rollen lassen. Jeweils zwei Blätter gleichzeitig für 90 Sekunden in kochendem Wasser blanchieren. Anschließend in Eiswasser abschrecken und auf einem Küchentuch trocknen lassen.

2| Das Brötchen in Würfel schneiden und in Milch einweichen. Die Zwiebel abziehen und in kleine Stücke schneiden. Hackfleisch in eine Schüssel geben und mit Ei, Senf, Zwiebel, viel Salz und Pfeffer, Paprikapulver und Brötchen vermengen. Aus der Masse längliche Frikadellen formen.

3| Immer eine Frikadelle in ein Kohlblatt legen und zu einer Roulade wickeln. Dafür das Blatt erst von oben und unten, dann von den Seiten falten. Mit Küchengarn fixieren.

4| Die Gemüsebrühe bereitstellen. In einem Bräter die Butter erhitzen und die Kohlrouladen von allen Seiten kräftig anbraten. Erst Speck, dann Tomatenmark hinzugeben. Die Rouladen mit Gemüsebrühe ablöschen und alles zugedeckt bei mittlerer Hitze 40 Minuten schmoren lassen.

5| Die Rouladen aus dem Bräter nehmen und warm halten. Den Sud aufkochen, mit etwas Soßenbinder andicken und mit Salz, Pfeffer und einer Prise Zucker abschmecken.

Jeweils eine Kohlroulade mit Beilagen auf einem Teller anrichten und mit der Soße übergießen.

12
MECKLENBURG-VORPOMMERN

MECKLENBURG-VORPOMMERN

Klütersuppe

EIN SÜSSES DDR-GERICHT, AM BESTEN ZUBEREITET MIT FRISCHEN KIRSCHEN. ZUR NOT GEHEN AUCH SAUERKIRSCHEN AUS DEM GLAS – DANN JEDOCH SPARSAMER MIT DEM ZUCKER UMGEHEN.

FÜR 4 PERSONEN

FÜR DIE KIRSCHEN
1,5 kg Kirschen, frisch
2 l Wasser
100 g Rohrohrzucker
1 Pck. Vanillesoße

FÜR DIE KLÖSSCHEN
250 g Weizenmehl, Type 405
3 Eier (M)
1 Pk. Vanillezucker
1 EL Rohrohrzucker
120 ml Milch
1/2 TL Salz

ZEITAUFWAND
60 Minuten

KÜCHENUTENSILIEN
Kochtopf, Rührschüssel

SCHWIERIGKEITSGRAD
Einfach

1| Die Kirschen waschen, Stiele und Kerne entfernen. Einen großen Topf bereitstellen und die Kirschen hineingeben. Mit Zucker bestreuen und zusammen mit dem Wasser zum Kochen bringen. Das Soßenpulver einrühren und alles für 30 Minuten köcheln lassen.

2| Unterdessen die Klößchen zubereiten. Dazu alle Zutaten in einer Schüssel zu einem Teig verkneten. Mit einem Esslöffel kleine Klösschen formen und in die kochende Kirschsuppe geben. 15 Minuten weiterkochen lassen.

Die Klütersuppe mit einer Suppenkelle auf einem tiefen Teller anrichten.

Eier in Senfsauce

JE NACH GESCHMACK LÄSST SICH DIE SOSSE MIT SCHARFEM ODER MITTELSCHARFEM SENF ZUBEREITEN. EINE KOMBINATION AUS TAFEL- UND KÖRNIGEM SENF SCHMECKT WUNDERBAR UND IST AUCH SCHÖN ANZUSEHEN.

FÜR 4 PERSONEN

FÜR DIE SENFSOSSE
4 EL Butter
3 EL Weizenmehl, Type zB. 405
600 ml Gemüsebrühe
100 g Schlagsahne
50 g Senf, mittelscharf
1 TL Zitronensaft
1 Prise Zucker
Salz und Pfeffer aus der Mühle

BEILAGEN
600 g Pellkartoffeln
4 bis 8 Eier (M)
Schnittlauch oder Gartenkresse zum Garnieren

ZEITAUFWAND
30 Minuten

KÜCHENUTENSILIEN
Schneebesen

SCHWIERIGKEITSGRAD
Einfach

1| Die Kartoffeln in heißem Salzwasser gar kochen. Die Eier 9 Minuten hart kochen.

2| Währenddessen in einem separaten Topf die Mehlschwitze zubereiten. Dazu die Butter bei mittlerer Hitze erwärmen bis sie klar ist. Dann das Mehl nach und nach mit einem Schneebesen einrühren. Langsam die Sahne und anschließend die Brühe hinzugeben und kurz aufkochen lassen. Für 10 Minuten auf niedriger Flamme köcheln lassen.

3| Den Senf mit dem Schneebesen unter die Soße rühren. Mit Zitronensaft, Zucker, Salz und Pfeffer abschmecken. Die Eier pellen und in der Soße warmziehen lassen.

Auf einem Teller ein paar Kartoffeln anrichten. Je ein/zwei Eier halbieren und daneben legen. Mit der Soße übergießen und etwas gehackten Schnittlauch oder Kresse darüber streuen.

MECKLENBURGISCHE SEENPLATTE

Pommersche Götterspeise

AM BESTEN ALLE ZUTATEN SCHICK ÜBEREINANDER SCHICHTEN. EIN STÜCK SCHOKOLADE UND EIN MINZBLATT OBEN DRAUF UND FERTIG IST DER GÖTTLICHE AUGENSCHMAUS!

FÜR 4 PERSONEN

FÜR DIE CRÈME
200 g Pumpernickel
1 Pck. Bourbon-Vanillezucker
400 ml Sahne
100 g Zartbitterschokolade

BELAG
400 g Sauerkirschen, frisch
400 g Preiselbeeren, frisch
1 - 2 EL Zitronensaft
250 g Rohrohrzucker
20 g Zartbitterschokolade

ZEITAUFWAND
30 Minuten

KÜCHENUTENSILIEN
Sparschäler oder Küchenreibe, Handmixer mit Schneebesen

SCHWIERIGKEITSGRAD
Einfach

1| Das verlesene, gewaschene und entsteinte Obst mit Zucker, Zitronensaft und etwas Wasser in einem Topf unter Rühren aufkochen, dann kühl stellen.

2| Die Schokolade klein raspeln, den Pumpernickel zerbröseln und miteinander vermengen. Die Sahne mit dem Vanillezucker steif schlagen. Schicht um Schicht Sahne, Preiselbeeren und Brot-Schokoladen-Mischung auf Gläser verteilen.

Mit Schokolade toppen und gekühlt servieren.

13
HAMBURG

Franzbrötchen

DER ERZÄHLUNG NACH VERSUCHTE SICH EIN ALTONAER BÄCKER AN CROISSANTS UND ERFAND AUS VERSEHEN DIESE KNUSPRIGE KÖSTLICHKEIT. MEIN FAVORIT, WENN ES UM DEUTSCHES GEBÄCK GEHT!

FÜR 12 PORTIONEN

FÜR DEN BRÖTCHENTEIG
- 500 g Weizenmehl, Type 550
- 250 ml Milch, lauwarm
- 1 Würfel Hefe (42 g)
- 70 g Rohrohrzucker
- 70 g Butter, zimmerwarm
- 1 Prise Salz
- Biozitronenschale, gerieben (1/2 Zitrone)

FÜR DIE FÜLLUNG
- 150 g Butter, zimmerwarm
- 3 TL Zimt
- 200 g Rohrohrzucker

Etwas Mehl zum Ausrollen

ZEITAUFWAND
- ZUBEREITEN 30 Minuten
- RUHEN 30 Minuten
- BACKEN 20 Minuten

KÜCHENUTENSILIEN
Küchenmaschine/Handmixer mit Knethakenaufsatz, Holzlöffel, Nudelholz, Backblech mit Backpapier, Schneebesen

SCHWIERIGKEITSGRAD
Normal

1| Zuerst die Milch lauwarm erhitzen, dann die Hefe hineinbröseln und verrühren. Mehl, Zucker, Butter und Zitronenschale in eine Rührschüssel geben. Lauwarme Milch mit der Hefe hineingießen. Den Teig 5 Minuten kneten. Die Schüssel mit einem sauberen Küchentuch bedecken und an einem warmen Ort 30 Minuten gehen lassen.

2| Den Backofen auf 200 °C Ober- und Unterhitze vorheizen. Arbeitsfläche säubern und leicht mit Mehl bestreuen. Den Teig noch mal kurz durchkneten und anschließend mit einem Nudelholz zu einem dünnen Rechteck (50 x 40 cm, 2 mm dick) ausrollen.

3| Die Butter in einem kleinen Topf bei wenig Hitze schmelzen. Alle Zutaten für die Füllung mit einem Schneebesen verrühren. Die Oberfläche des Teigs damit dünn bestreichen.

4| Den Teig von der schmalen Seite her aufrollen und auf ein Backpapier legen. Anschließend in ca. 4 cm lange Stücke schneiden. Mit dem Stiel des Kochlöffels die Stücke parallel zur Schnittkante mittig eindrücken.

5| Mit einem Pfannenheber die Brötchen auf ein Backblech mit frischem Backpapier heben. Die Franzbrötchen auf mittlerer Schiene 20 Minuten goldbraun backen.

Wer es mag, isst die Franzbrötchen frisch aus dem Ofen, wenn sie noch warm und knusprig sind. Wenn sie abgekühlt und schön weich sind, schmecken sie aber mindestens genauso gut!

LABSKAUS

ECHTES SEEMANNSESSEN AUS DEM 18. JAHRHUNDERT, ALS MAN SPEISEN KREIERTE, DIE SICH AN BORD LANGE HIELTEN. STATT CORNED BEEF WIRD HEUTZUTAGE EHER RINDERBRUST ODER SCHULTER VERWENDET.

FÜR 4 PERSONEN

FÜR DAS LABSKAUS
1/2 kg Kartoffeln, mehligkochend
500 g Rinderschulter
1 Bund Suppengrün
2 Lorbeerblätter
5 Pimentkörner
5 Pfefferkörner, schwarz
2 Zwiebeln, mittelgroß
4 Gewürzgurken
Gurkensud
200 g Rote Bete
4 Sardellenfilets
4 Matjesfilets
4 Eier
Salz und Pfeffer aus der Mühle
1 EL Pflanzenöl

ZEITAUFWAND
ZUBEREITEN 30 Minuten
RUHEN 2 Stunden

KÜCHENUTENSILIEN
Fleischwolf oder Küchenzerkleinerer

SCHWIERIGKEITSGRAD
Einfach

1| Das Suppengrün putzen, ggf. schälen und kleinschneiden. Das Rindfleisch in einem Topf mit ausreichend kaltem Wasser bedecken. Piment, ordentlich Salz, Pfefferkörner und Suppengrün hinzugeben und hochkochen lassen. Das Fleisch 2 Stunden auf kleiner Flamme gar sieden lassen.

2| Eine halbe Stunde vor Ende der Garzeit des Fleisches die Kartoffeln und die Rote Bete in zwei separaten Töpfen in leicht gesalzenem Wasser gar kochen, anschließend schälen und in Stücke schneiden.

3| Die Zwiebeln schälen und in kleine Würfel schneiden. Die Sardellen abtropfen lassen und in kleine Stücke schneiden. Das Fleisch aus dem Topf nehmen und in Stücke schneiden. Fleisch, Kartoffeln und Rote Bete durch den Fleischwolf in einen Topf drehen. Zwiebeln und Sardellenfilets hinzugeben und vermengen. Mit Salz und Pfeffer und ggf. etwas Gurkensud abschmecken.

4| In einer Pfanne die Spiegeleier in etwas Öl braten. Die Gewürzgurken in feine Scheiben schneiden.

Mit einem großen Löffel erst den Labskaus auf den Teller legen, jeweils ein Spiegelei oben drauf legen. Die Gewürzgurken und den Matjes daneben anrichten, ggf. einen Stängel Petersilie daneben legen.

Beern, Boh'n un Speck

EIN DEFTIGER EINTOPF AUS HAMBURG. WER ES MAG, KANN DIE KARTOFFELN DIREKT ZU BEGINN GESCHÄLT UND GEWÜRFELT HINZUGEBEN ODER ZUM SCHLUSS ALS PELLKARTOFFELN SERVIEREN.

FÜR DEN EINTOPF
500 g geräucherter Speck, am Stück
2 Zwiebeln, mittelgroß
1 l Wasser
800 g frische grüne Bohnen
1 Bund Bohnenkraut
4 Kochbirnen
1 TL schwarze Pfefferkörner
Speisestärke
Salz und Pfeffer aus der Mühle

ZEITAUFWAND
30 Minuten

BEILAGEN
600 g Pellkartoffeln, festkochend

KÜCHENUTENSILIEN
Küchengarn

SCHWIERIGKEITSGRAD
Einfach

1| Die Zwiebeln schälen und in Spalten schneiden. Im Topf 1 Liter Wasser zusammen mit den Zwiebeln, dem Speck und den Pfefferkörnern zum Kochen bringen. Bei niedriger Temperatur 15 Minuten zugedeckt köcheln lassen.

2| Die Bohnen waschen, putzen und anschließend in den Topf geben. Mit Salz und Pfeffer würzen. Die Pellkartoffeln putzen und in einem Topf mit heißem Salzwasser gar kochen.

3| Nach 5 Minuten das Bohnenkraut mit dem Küchengarn zusammenbinden. Die Birnen waschen und mit dem Bohnenkraut in den Topf geben. Für 10 Minuten weitergaren.

4| Den Speck, die Birnen und das Bohnenkraut aus dem Topf nehmen. Die Birnen halbieren und den Speck in Stücke schneiden. Die Speisestärke mit etwas kaltem Wasser verrühren und damit den Sud des Eintopfs abbinden. Zum Schluss die Birnen und den Speck wieder zu den Bohnen geben und ggf. mit etwas mehr Salz und Pfeffer abschmecken.

Beern, Boh'n und Speck auf einem tiefen Teller mit den Pellkartoffeln anrichten und servieren.

PFEFFER

SALZ

ZWIEBELN

BOHNENKRAUT

SPECK

30 MIN.
KOCHEN

»Amanda« in Kappeln an der Schlei

14
Schleswig-Holstein

Eingelegte Bratheringe

Omas eingelegte Bratheringe. Während des Marinierens sorgt der Essig in der Marinade dafür, dass die Heringe samt verbliebener Gräten butterweich werden. Dazu passen blitzschnell zubereitete Bratkartoffeln!

FÜR 4 PERSONEN

FÜR DIE HERINGE
- 1 kg grüne (frische) ausgenommene Heringe ohne Kopf
- 5 EL Weizenmehl, z.B. Type 550
- 5 EL Pflanzenöl
- Salz

FÜR DIE MARINADE
- 3 rote Zwiebeln
- 350 ml Wasser
- 250 ml Weißweinessig
- 100 g Rohrohrzucker
- 1 EL schwarze Pfefferkörner
- 2 EL Senfkörner
- 1 TL Pimentkörner
- 2 Lorbeerblätter
- 1 TL Wacholderbeeren
- Salz

FÜR DIE BRATKARTOFFELN
- 600 g Pellkartoffeln, festkochend
- Öl zum Anbraten

ZEITAUFWAND
ZUBEREITEN 30 Minuten
RUHEN 1 - 3 Tage

KÜCHENUTENSILIEN
Gefäß/Auflaufform mit Deckel

SCHWIERIGKEITSGRAD
Einfach

1| Für die Marinade die Zwiebeln schälen und in dünne Scheiben schneiden. In einem Topf Zwiebeln und den Rest der Zutaten für die Marinade aufkochen. 5 Minuten ziehen lassen. Mit Zucker und Essig abschmecken.

2| Die Heringe unter fließendem Wasser von innen und außen abwaschen, anschließend mit einem Küchentuch trocken tupfen. Auf einem Teller Mehl und Salz vermischen und die Heringe darin wenden. Überflüssiges Mehl abklopfen. In einer Pfanne Öl erhitzen und die Heringe jeweils 8 Minuten von beiden Seiten knusprig braten.

3| Ein Gefäß mit Heringen und Marinade befüllen und für mindestens einen Tag ziehen lassen.

4| Für die Bratkartoffeln die Kartoffeln waschen und in 1,5 cm große Würfel schneiden. In einer Pfanne Öl erhitzen und die Kartoffeln kurz scharf anbraten, dann mit etwas Wasser übergießen und 10 Minuten zugedeckt köcheln lassen. Anschließend noch mal kurz erhitzen und mit Rosmarin, Salz und Pfeffer abschmecken.

Den Brathering mit Bratkartoffeln servieren.

Rhabarberkuchen mit Streuseln

Süss-saurer Obstkuchen mit knusprigem Boden und Streuseln. Als Füllung eignen sich ebenso Äpfel, Kirschen, Erbeeren oder Stachelbeeren. Wer es nussiger mag, verwendet statt Weizen- Dinkelmehl!

FÜR 12 STÜCKE

FÜR DEN TEIG
250 g Dinkel-/Weizenmehl, Type 550
1 TL Backpulver
150 g Rohrohrzucker
Eine Prise Salz
150 g Butter, zimmerwarm

FÜR DIE FÜLLUNG
850 g frischer Rhabarber
120 g Rohrohrzucker
1 Pck. Vanillezucker
2 EL Speisestärke
1 EL Butter
1 TL Zimt

ZEITAUFWAND
ZUBEREITEN 30 Minuten
BACKEN 1 Stunde
BACKEN 40 Minuten

KÜCHENUTENSILIEN
Springform (Ø 26 cm), Handmixer mit Knethaken, Pfanne, Frischhaltefolie

SCHWIERIGKEITSGRAD
einfach

1| Die Zutaten des Teigs in einer Schüssel mit einem Handmixer verkneten. Mit den Händen noch mal auflockern. Anschließend zu einer Kugel formen, mit Frischhaltefolie umwickeln und eine Stunde in den Kühlschrank legen.

2| Den Backofen auf 200 °C Ober- und Unterhitze vorheizen. Eine Springform fetten.

3| Den Rhabarber waschen, schälen und in kleine Stücke schneiden. Die Butter in einer Pfanne bei mittlerer Hitze erwärmen und den Rhabarber hinzugeben. Mit dem Zucker bestreuen und karamellisieren lassen.

4| Die Speisestärke in etwas kaltem Wasser anrühren. Stärke hinzugeben und bei mittlerer Hitze kurz köcheln lassen. Die Pfanne vom Herd nehmen, den Vanillezucker und Zimt unterrühren.

5| Die Springform mit etwa 2/3 des Teigs auskleiden. Einen ca. 4 cm hohen Rand formen. mit den Fingern festdrücken. Die Rhabarberfüllung in die Form geben. Den restlichen Teig über die Füllung bröseln. Die Kuchenform in den Backofen geben und 40 Minuten backen lassen.

Nach dem Backen kurz abkühlen lassen und servieren.

Heringssalat mit Rote Bete

TRADITIONELL VERWENDET MAN FLEISCH IM SALAT; DIESE ETWAS LEICHTERE VARIANTE KOMMT DAHER MIT FRISCHER ZITRONE, KNACKIGER STAUDENSELLERIE UND JOGHURT!

FÜR 4 PERSONEN

FÜR DEN SALAT
200 g Rote Bete
2 kleine Frühlingszwiebeln
300 - 400 g Matjesfilets
1 Boskop Apfel
2 EL Zitronensaft
100 g Vollmilchjoghurt
100 g Schmand
1 TL Honig/Agavendicksaft
1 Bund Dill
2 Stangen Staudensellerie
1 EL Rotweinessig
Salz und Pfeffer
ggf. etwas Cayennepfeffer

ZEITAUFWAND
ca. 20 Minuten

BEILAGEN
Pellkartoffeln

SCHWIERIGKEITSGRAD
Einfach

1| Wasser mit einer Prise Salz in einem Topf zum Kochen bringen. Rote Bete putzen, die Stiele direkt über der Knolle abschneiden, schälen und für ca. 40 Minuten gar kochen. Anschließend abkühlen lassen.

2| Frühlingszwiebeln und Matjes klein schneiden. Staudensellerie putzen und abwaschen. Den unteren und oberen Teil der Sellerie abschneiden, entfädeln und klein schneiden (die Blätter können mitverwendet werden).

Den Apfel schälen, Kerngehäuse entnehmen und fein würfeln. Dill waschen, größere Äste entfernen und klein hacken. Die abgekühlte Rote Bete würfeln. Alles zusammen mit Joghurt, Schmand, Zitronensaft, Honig und Essig in einer Schüssel verrühren. Mit Salz, Pfeffer und Cayennepfeffer abschmecken.

Auf einem Teller mit warmen Pellkartoffeln servieren.

15
BREMEN

BREMER KLABEN

Das indische Gewürz Kardamom fand seinen Weg in diesen feinen Rosinenkuchen dank Bremens Status als Hansestadt. Bereits 1593 wurde er im „Bremer Rath" schriftlich erwähnt und erfreut sich seit jeher wachsender Bekanntheit.

FÜR 1 KUCHENFORM

FÜR DEN KUCHEN
1 kg Weizenmehl, Type 550
750 g Rosinen
100 Zucker
3 Würfel Hefe (je 42 g)
250 ml Milch, lauwarm
500 Butter, zimmerwarm
1 TL Kardamom
125 g Zitronat
125 g geriebene Mandeln
1 TL Salz
etwas Fett für die Form

ZEITAUFWAND
ZUBEREITEN 20 Minuten
RUHEN 3 - 7 Tage
BACKEN 50 - 60 Minuten

KÜCHENUTENSILIEN
Handmixer mit Knethaken, sauberes Küchentuch, Rührschüssel, Kastenform, Backpinsel oder Küchenpapier

SCHWIERIGKEITSGRAD
Einfach

1| Für den Vorteig: Die Milch in einem Behältnis mit Zucker und Hefe verrühren. Das Mehl mit dem Salz vermischen. Die Hälfte davon in einer Schüssel mit Hefe-Milchgemisch und Butter zu einem Teig verkneten. Die Schüssel mit einem frischen Küchentuch an einem warmen Ort für 30 Minuten gehen lassen.

2| Eine Kastenform fetten. Das restliche Mehl zum Vorteig geben und alles zu einem glatten Teig verkneten. Die Rosinen, Kardamom, Zitronat und Mandeln unter den Teig rühren.

3| Den Teig in eine Kastenform geben. Erneut zugedeckt an einem warmen Ort für 30 Minuten gehen lassen.

4| Den Ofen auf 180 °C Ober- und Unterhitze vorheizen. Den Klaben für 50 bis 60 Minuten backen. Anschließend etwas auskühlen lassen.

Den Klaben für ein paar Tage verpackt an einem kühlen Ort ziehen lassen. Anschließend in Scheiben schneiden und servieren.

Unterschied zum Christstollen: keine Butter und kein Puderzucker auf den fertig gebackenen Kuchen

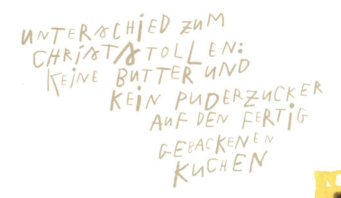

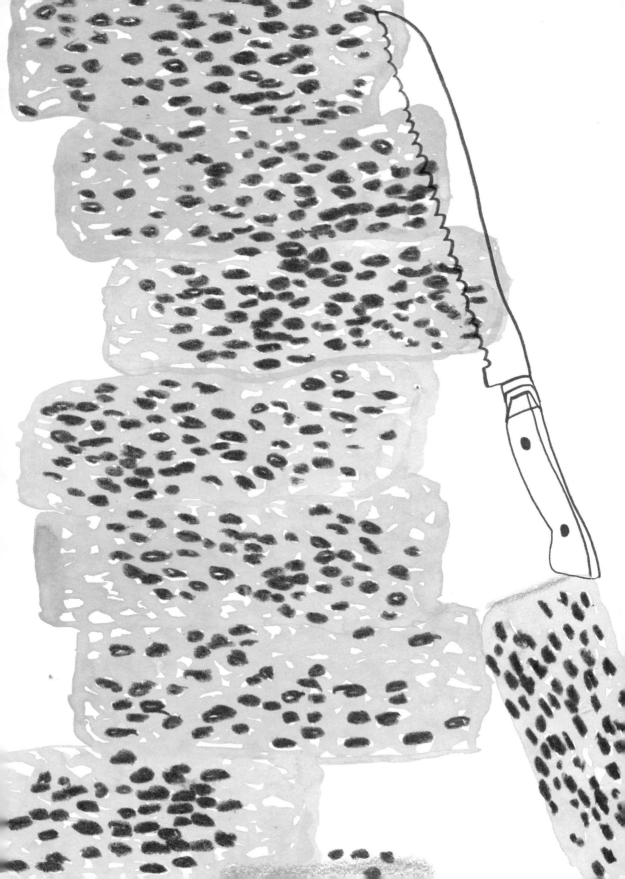

Gebratene Stinte

Von Februar bis März kann man den Stint fangfrisch in deutschen Hafenstädten bekommen. In der Pfanne gebacken schmeckt er am besten mit Bratkartoffeln, einem grünen Salat und etwas Zitrone!

FÜR 4 PERSONEN

FÜR DEN FISCH
50 frische Stinte
5 EL Roggenmehl
1 1/2 Zitronen
3 EL Pflanzenöl
Salz und Pfeffer

FÜR DIE BRATKARTOFFELN
600 g Kartoffeln, Rezept S. 44

KOPFSALAT
1 Kopfsalat
Saft 1/2 Zitrone
200 g Joghurt, 3,8 % Fett
3 EL Olivenöl
Salz und Pfeffer
1 TL Honig
2 Stile Dill

ZEITAUFWAND
ZUBEREITEN 30 Minuten
RUHEN 2 Stunden
BACKEN 1 Stunde

KÜCHENUTENSILIEN
Pfanne, Schneebesen

SCHWIERIGKEITSGRAD
Einfach

1| Die Kartoffeln als Bratkartoffeln zubereiten.

2| Währenddessen die Köpfe der Stinte abtrennen und Innereien herausnehmen. Die Fische unter kaltem Wasser abwaschen, dann auf etwas Küchenpapier verteilen und abtropfen lassen. Die abgetropften Stinte in eine Schüssel geben und mit Zitronensaft, Salz und Pfeffer würzen.

3| Den Ofen auf 60 °C Ober- und Unterhitze vorheizen. Eine Pfanne mit ausreichend Öl erhitzen, sodass die Stinte darin schwimmen können. Einen Teller mit Roggenmehl, daneben etwas Küchenpapier bereitlegen. Die Fische nach und nach im Mehl wenden und sofort anbraten. Wenn sie knusprig und goldgelb sind auf einen Teller mit Küchenpapier abtropfen lassen und auf einem Teller mit Alufolie zugedeckt im Ofen warmhalten.

4| Die Blätter des Kopfsalats abnehmen, 4 Blätter beiseite legen. Den Rest in Stücke zupfen, putzen und waschen. Dill putzen, Blätter abzupfen und kleinhacken. Alle Zutaten für das Dressing in einer großen Schüssel mit einem Schneebesen verrühren. Den abgetropften Kopfsalat hinzugeben und alles vermengen.

Eine Zitrone vierteln. Auf einen Teller je ein Salatblatt mit ein paar Stinten darauf legen. Daneben Bratkartoffeln, ein Zitronenviertel und Salat legen.

Braunkohl mit Pinkel

EIN EINTOPF AUS GRÜNKOHL, KASSELER UND PINKELWURST. FÜR EINE SÄMIGERE KONSISTENZ KANN EIN PINKEL ZERBRÖSELT WERDEN. ÜBRIGENS SCHMECKT GRÜNKOHL AUCH HERRLICH IM UNGEKOCHTEN FRISCHEN ZUSTAND (TIPP S.U.).

FÜR 4 PERSONEN

FÜR DEN EINTOPF
1,5 kg Grünkohl
2 Zwiebeln
2 EL Schweineschmalz
500 g Kasseler
250 g Räucherspeck
4 Pinkelwürste, geräuchert
2 geräucherte Mettwürste
2 EL Hafergrütze
Salz und Pfeffer
350 ml Gemüsebrühe
Piment

ZEITAUFWAND
50 Minuten

BEILAGEN
z. B. Bratkartoffeln
Rezept S. 44

SCHWIERIGKEITSGRAD
Einfach

1| Den Grünkohl vom Strunk und von den Rippen befreien, waschen und in Stücke zupfen. Die Zwiebeln schälen und in kleine Würfel schneiden.

2| In einem großen Kochtopf Schweineschmalz erhitzen und die Zwiebeln darin glasig dünsten. Den Grünkohl unter Wenden nach und nach hinzugeben. Anschließend Hafergrütze und Brühe unterrühren. Bei mittlerer Hitze ca. 20 Minuten garen lassen, zwischendurch weiter umrühren. Mit Salz und Pfeffer abschmecken.

3| Mettwürste in Scheiben schneiden. Speck, Pinkel, Mettwürste und Kasseler hinzugeben. 20 Minuten garen lassen und zwischendurch immer wieder umrühren. Zum Schluss mit Salz, Pfeffer und Piment abschmecken.

Den Braunkohl mit Pinkel, einer Scheibe Kasseler, ein paar Stücken Mettwurst und Speck auf dem Teller anrichten. Dazu passen Bratkartoffeln.

What to do with rest of de Kohl: zB. ein paar Hände frischen Grünkohl zu einem knackige Salat geben!

16
NIEDERSACHSEN

Bookweiten-Jan-Hinnerk

ODER BOOKWEITENSCHUBBERTS SIND BUCHWEIZEN-PFANNKUCHEN MIT SPECK. VEGETARISCH SERVIERT MAN IHN MIT AHORNSIRUP, FRISCHEM OBST ODER APFELMUS MIT PUMPERNICKEL.

FÜR 4 PERSONEN

FÜR DEN TEIG
500 g Buchweizenmehl
1 l Milchkaffee oder Ostfriesentee (Schwarztee), kalt
1 EL Salz, leicht gehäuft
4 Eier
200 g geräucherter Bauchspeck am Stück
4 EL Schmalz/Pflanzenöl

BEILAGEN
Apfelmus und Pumpernickel

ZEITAUFWAND
10 Minuten

ZEITAUFWAND
ZUBEREITEN 30 Minuten
RUHEN 5 Stunden

KÜCHENUTENSILIEN
Schneebesen oder Handmixer

SCHWIERIGKEITSGRAD
Einfach

1| Das Buchweizenmehl, den Kaffee/Tee, Salz und die Eier mit einem Schneebesen oder Handmixer vermengen bis er eine sämige Konsistenz hat. Für 5 Stunden oder über Nacht in den Kühlschrank stellen, damit der Buchweizen quellen kann.

2| Den Speck in feine, quadratische Scheiben schneiden. In einer Pfanne den Schmalz erhitzen. Je Pfannkuchen ein paar Speckscheiben anbraten und einen Klecks Pfannkuchenteig darübergießen.

Den Pfannkuchen auf einem Teller mit etwas Apfelmus und frisch geröstetem Pumpernickel servieren.

BUTTERKUCHEN

Saftig-süßer Hefekuchen mit Mandeln und Zucker oben drauf. Einfach in der Zubereitung, benötigt er jedoch Zeit, um schön aufzugehen. Die komplette Butter am besten vorab mit einem Schneebesen zu Flocken zerkleinern – das erleichtert das Weiterverarbeiten!

FÜR 1 BLECH

FÜR DEN BODEN
- 500 g Weizenmehl, Type 550
- 200 ml Milch, lauwarm
- 1 Pck. (42 g) Hefe, frisch
- 50 g Zucker, weiß
- 1 Pck. Vanillezucker
- 1 Ei (M)
- Biozitronenschale, gerieben
- 100 g Butter, zimmerwarm
- 1 Prise Salz

Mehl für die Arbeitsfläche

FÜR DEN BELAG
- 100 g Butter, zimmerwarm
- 100 g Zucker, weiß
- 100 g Mandelblättchen

ZEITAUFWAND
- **ZUBEREITEN** 20 Minuten
- **RUHEN** 80 Minuten
- **BACKEN** 25 Minuten

KÜCHENUTENSILIEN
Handmixer mit Knethaken- und Schneebesenaufsatz, tiefes, gefettetes Backblech, Nudelholz

SCHWIERIGKEITSGRAD
Einfach

1| Die Hefe in einen Becher mit 6 EL lauwarmer Milch bröseln. Einen TL Zucker hinzugeben und vollständig verrühren. Das Mehl in eine Schüssel geben und in der Mitte eine Mulde formen. Die Hefemischung dort hineingeben und mit etwas Mehl vom Rand vermischen. Den Vorteig mit einem Küchentuch zugedeckt 15 Minuten an einem warmen Ort gehen lassen.

2| Den Teig mit 100 g Butter, dem Rest Milch, Ei, Zucker für den Boden, Vanillezucker, Salz und 1 TL Zitronenschale vermengen und ca. 5 Minuten mit einem Handmixer verkneten. Anschließend mit den Händen zu einer homogenen Masse formen. Nochmals abdecken und für 45 Minuten an einem warmen Ort gehen lassen.

3| Das gefettete Backblech bereitstellen. Auf einer bemehlten Arbeitsfläche den Teig mit den Händen erneut kneten und ein paar Minuten ruhen lassen. Anschließend den Teig ausrollen und im Blech verteilen, einen kleinen Rand formen. Abermals für 15 Minuten zugedeckt ruhen lassen.

4| Den Backofen auf 180° C Ober- und Unterhitze vorheizen. Mit den Fingern kleine Löcher in den Teig drücken. Den Rest der zerkleinerten Butter in den Löchern verteilen und die Oberfläche komplett mit Zucker und Mandeln bestreuen. Den Kuchen für ca. 25 Minuten goldgelb backen.

Den Butterkuchen aus dem Backofen nehmen, in Stücke schneiden und warm servieren.

MOCKTURTLE

DIESE OLDENBURGER DELIKATESSE KOMMT HEUTZUTAGE OHNE SCHILDKRÖTE AUS. DAFÜR SIND ZART GEGARTES KALBFLEISCH, KLEINE FLEISCHKLÖSSE, SPANISCHER SHERRYWEIN, PILZE UND ZITRONE MIT VON DER PARTIE.

FÜR 4 PERSONEN

FÜR DIE SUPPE
750 g Kalbshachse
1 Bund Suppengrün
1 L Wasser
2 Lorbeerblätter
3 Wacholderbeeren
250 g Champignons, hell
100 g Schinken, roh am Stück
1 Schalotte
1 Karotte
7 EL Butter
1 1/2 EL Weizenmehl, Type 405
5 cl Sherry
Etwas Zitronensaft
Salz und Pfeffer

FÜR DIE FLEISCHKLÖSCHEN
250 g Rinderhackfleisch
1 Glas lauwarme Milch
1 Brötchen vom Vortag
1 Ei (M)

ZEITAUFWAND
ZUBEREITEN 1 Stunde
RUHEN 3 Stunden

KÜCHENUTENSILIEN
Kochtopf, Küchensieb

SCHWIERIGKEITSGRAD
Mittelschwer

1| Das Suppengrün putzen, ggf. schälen und klein schneiden. Hachse in einem Topf mit leicht gesalzenem Wasser, Wacholderbeeren, Suppengrün und Lorbeerblättern zum Kochen bringen. Bei mittlerer Hitze für ca. 2 - 3 Stunden zugedeckt köcheln lassen. Wenn der Knochen sich ablösen lässt, das Fleisch herausnehmen.

2| Fleisch in Stücke schneiden und den Knochen entfernen. Die Fleischbrühe durch ein Sieb in einen Behälter geben, das Gemüse nicht weiter verwenden.

3| Schinken in Stücke schneiden. Champignons und Karotte putzen und in Scheiben schneiden. Die Schalotte abziehen und würfeln.

4| Butter in dem Kochtopf erhitzen. Das Gemüse und den Schinken andünsten und mit Mehl bestäuben. Wenn das Mehl etwas Farbe bekommen hat, die aufgefangene Brühe darüber gießen. Für 20 Minuten köcheln lassen.

5| Die Suppe mit Sherry, Zitronensaft, Salz und Pfeffer abschmecken. Das Brötchen in einem Glas Milch aufweichen. Wenn es weich ist, restliche Milch abschütten. Die Zutaten für die Klöße vermengen und kleine Bällchen formen. Die Kalbfleischstücke und die Fleischbällchen zur Suppe geben. Für 10 Minuten auf kleiner Flamme gar ziehen lassen.

Das Mockturtle auf einem tiefen Teller mit einer Scheibe frischem Brot anrichten.

RULLERKES

DIE NEUJAHRSHÖRNCHEN WERDEN ZÜGIG NACH DEM BACKEN AUF EIN WAFFELHORN AUS HOLZ GEROLLT. TYPISCH IST AUCH DAS WAFFELEISEN, WELCHES DIE DEKORATIVEN MUSTER IN DIE WAFFELN BACKT.

FÜR 40 PORTIONEN

FÜR DEN TEIG
250 g Krümmelkandiszucker
375 ml Wasser
310 g Weizenmehl, Type 550
60 g Butter
2 Eier (M)
Biozitronenschale, gerieben
1 Prise Zimt
1 Prise Anispulver
1 Prise Kardamom

FÜLLUNG
Sahne, Sauerkirschen, frisches Obst, Schokolade

ZEITAUFWAND
ZUBEREITEN 1 Stunde
RUHEN   60 Minuten

KÜCHENUTENSILIEN
Waffeleisen für Eierkuchen, Sieb, Waffelhorn/Schillerlockenform

SCHWIERIGKEITSGRAD
Mittelschwer

1| Den Kandiszucker in einem Topf mit dem Wasser köcheln lassen bis sich der Zucker aufgelöst hat. Den Topf vom Herd nehmen und abkühlen lassen.

2| Die Butter in einem Topf erwärmen. Wenn sie flüssig ist, den Topf wieder vom Herd nehmen und etwas abkühlen lassen. In einer Schüssel die Butter mit den Eiern schaumig schlagen. Mehl, Kardamom, Zimt und Anispulver durch ein Sieb in eine separate Schüssel sieben.

3| Abwechselnd das Zuckerwasser und die Mehlmischung unter die Butter rühren. Etwas Zitronenschale hinzugeben. Den fertigen Teig zugedeckt für 60 Minuten kühl stellen. Sollte er nicht flüssig genug sein, kann etwas Wasser hinzugegeben werden.

3| Das Waffeleisen erwärmen und mit etwas Butter fetten. Eine kleine Portion Teig auf das Eisen geben und für ca. 1 Minute backen lassen. Anschließend zügig auf das Waffelhorn aufrollen. Kurz warten bis der Teig fest geworden ist, von der Form nehmen und abkühlen lassen. Und so alle weiteren Waffeln backen.

Man kann die Rullerkes mit geschlagener Sahne und Obst befüllen, in geschmolzene Schokolade tauchen oder einfach pur zum Tee oder Kaffee essen.

NEUJAHRS-
KUCHEN

NEEJAHRS-
KOKEN

PIEPKUCHEN
(MÜNSTER)

NEUJAHRS-
HÖRNCHEN

EISERKUCHEN

HIPPEN

17
NORDRHEIN-WESTFALEN

NORDRHEIN-WESTFALEN

Himmel & Ääd

ÄPFEL VOM HIMMEL UND KARTOFFELN AUS DER ERDE. DAZU KNUSPRIGE RÖSTZWIEBELN, GEBRATENE BLUTWURST UND EIN FRISCH GEZAPFTES KÖLSCH!

FÜR 4 PERSONEN

**FÜR DIE ERDE/
DAS KARTOFFELPÜREE**
Rezept S. 18

**FÜR DEN HIMMEL/
DAS APFELMUS**
Rezept S. 73

FÜR DIE RÖSTZWIEBELN
2 Zwiebeln
3 EL Weizenmehl, z. B. Type 405
2 EL Butterschmalz

FÜR DIE BLUTWURST
600 g Blutwurst
3 EL Butterschmalz
3 EL Weizenmehl

ZEITAUFWAND
1 Stunde

KÜCHENUTENSILIEN
Kartoffelstampfer, Pfanne
Kochtopf

SCHWIERIGKEITSGRAD
Einfach

1| Apfelmus und Kartoffelpüree nach Rezept zubereiten.

2| Zwiebeln abziehen, halbieren und in Streifen schneiden. In einer Pfanne Butterschmalz erhitzen. Einen Teller mit Mehl bereitstellen, die Zwiebeln darin wenden, abklopfen und in der Pfanne goldbraun anbraten.

3| Die Blutwurst schräg in Scheiben schneiden, ebenfalls in Mehl wenden und von beiden Seiten knusprig anbraten.

Auf einem Teller einen Klecks Kartoffelpüree und Apfelmus anrichten. Die Röstzwiebeln und die Blutwurst darauf legen. Bei Bedarf kann noch etwas Schnittlauch darüber gestreut werden.

FLEISCH

NORDRHEIN-WESTFALEN

Pfefferpotthast

UR-DORTMUNDER GERICHT, DEM SOGAR EIN GANZES FEST IM HERBST GEWIDMET IST. JEDES JAHR KOMMEN KÖCHE AUF DEM ALTEN MARKT ZUSAMMEN, UM IHRE VARIATION DES RINDFLEISCHRAGOUTS ZUR VERKÖSTIGUNG BEREITZUSTELLEN.

FÜR 4 PERSONEN

FÜR DEN EINTOPF
600 g Rinderhüfte/-Schulter
1 Rote Bete, vorgegart
2 Zwiebeln
2 Möhren
30 g Butterschmalz
1 l Rinderfond
2 Scheiben Pumpernickel
2 Gewürznelken
1 EL Kapern
2 Lorbeerblätter
2 EL Zitronensaft
Salz
1 TL schwarzer Pfeffer
50 ml Sahne
2 Zweige Petersilie, kraus
4 Gewürzgurken

ZEITAUFWAND
ZUBEREITEN   30 Minuten
GAREN   2 Stunden

KÜCHENUTENSILIEN
Schmortopf

SCHWIERIGKEITSGRAD
Einfach

1| Die Zwiebeln schälen und grob hacken. Das Fleisch waschen, trocken tupfen, von Sehnen und Haut befreien und in Würfel schneiden. Die Möhren schälen und würfeln. Die Rote Beete kleinschneiden.

2| In einem Schmortopf etwas Butterschmalz erhitzen. Erst das Fleisch von allen Seiten knusprig anbraten, dann aus dem Topf nehmen und auf einem Teller beiseite stellen. Zwiebeln und Möhren im Topf in genügend Schmalz anbraten und anschließend mit dem Rinderfond ablöschen.

3| Den Backofen auf 180 °C Ober- und Unterhitze vorheizen. Den Pumpernickel zerbröseln und zusammen mit Nelken, Lorbeerblättern, Roter Bete und Pfeffer in den Topf geben.

Alles kurz aufkochen und mit Salz und Zitronensaft abschmecken. Das Rindfleisch wieder hineingeben und mit genügend Rinderfond bedecken. Den Potthast im Topf mit Deckel für ca. 2 Stunden in den Backofen stellen. Zwischendurch umrühren und etwas Fond nachgeben.

4| Den Pfefferpotthast aus dem Ofen nehmen, etwas Sahne und die Kapern hinzugeben und nochmals kurz aufkochen, ggf. erneut abschmecken. Die Lorbeerblätter herausnehmen.

Das Fleisch auf einem tiefen Teller mit Gewürzgurkenstreifen, einer Scheibe frischem Brot und etwas gehackter Petersilie servieren.

Reibeplätzchen mit Apfelmus

REIBEPLÄTZCHEN, KARTOFFELPUFFER, REIBEKUCHEN, PANNEKAUKEN UND KARTOFFELPLÄTZCHEN ISST MAN MIT APFEL- ODER RÜBENKRAUT, LACHS, SAUERKRAUT ODER TYPISCH KÖLSCH AUF PUMPERNICKEL.

FÜR DIE REIBEPLÄTZCHEN
1 kg Kartoffeln, vorwiegend festkochend
2 kleine Zwiebeln
2 Eier
1 Prise Salz und Pfeffer
Muskatnuss, gerieben
Öl zum Braten

FÜR DAS APFELMUS
2 kg Boskop Äpfel
1 Zitrone
2 EL Zucker
250 ml Apfelsaft
etwas Zimt, gemahlen

ZEITAUFWAND
45 Minuten

SCHWIERIGKEITSGRAD
Einfach

1| Die Äpfel schälen, in Spalten schneiden und den Kern entfernen. In einem Topf den Zucker karamellisieren. Dazu die Temperatur niedrig halten, den Zucker sobald er flüssig wird, nicht verrühren sondern im Topf schwenken. Die Äpfel hinzugeben und mit dem Zucker verrühren. Mit Apfelsaft ablöschen und zugedeckt kochen bis die Äpfel weich sind. Die Äpfel mit einem Kartoffelstampfer stampfen und zum Schluss mit Zucker, Zimt und Zitronensaft abschmecken.

2| Die Kartoffeln waschen, schälen und mit einer Küchenreibe grob in eine Schüssel reiben. Die Zwiebeln schälen und ebenfalls in die Schüssel reiben. Eier, Salz, Muskat und Pfeffer hinzugeben und alles miteinander verrühren.

3| In einer Pfanne etwas Öl erhitzen. Mit einem Löffel den Kartoffelteig in die Pfanne geben und zu runden Plätzchen formen. Von beiden Seiten knusprig braten. Man kann die Plätzchen vor dem Servieren mit etwas Küchenpapier abtupfen, damit sie weniger fettig sind.

Die Reibeplätzchen auf einem Teller mit einem Klecks Apfelmus anrichten.

SÜSSES

NORDRHEIN-WESTFALEN

sAuerBraten

RHEINISCHER RINDERBRATEN MIT KLÖSSEN UND ROTKOHL. DIE MÜRBE UND SAFTIGE KONSISTENZ DES RINDERBRATENS ERHÄLT ER DURCH EIN 7-TÄGIGES ENTSPANNUNGSBAD IN WEIN, ESSIG, GEMÜSE UND GEWÜRZEN.

FÜR 4 PORTIONEN

FÜR DEN BRATEN
1 kg Rinderschmorbraten
750 ml trockener Rotwein
200 ml Weißweinessig
ca. 300 ml Wasser
1 Bund Suppengemüse
2 Zwiebeln, mittelgroß
4 Wacholderbeeren
2 Pimentkörner
1/2 TL Pfefferkörner
Salz aus der Mühle
3 EL Butterschmalz
1 1/2 Scheiben Pumpernickel
1 Tomate
50 g Sultaninen

FÜR DIE KNÖDEL UND ROTKOHL
Rezept Seite 121 und 122

ZEITAUFWAND
ZUBEREITEN 1 Stunde
RUHEN 3 - 7 Tage
GAREN 2 Stunden

KÜCHENUTENSILIEN
Frischhaltefolie, Küchensieb, Schüssel zum Marinieren, Bräter

SCHWIERIGKEITSGRAD
Einfach

1| Das Suppengemüse abwaschen, putzen und klein schneiden. Zwiebeln abziehen und in grobe Stücke schneiden. In einem Topf mit Butterschmalz das Gemüse kurz anschwitzen. Mit Wein, Essig und Wasser ablöschen. Piment, Wacholder und Pfeffer hinzugeben. Das Ganze einmal aufkochen, dann abkühlen lassen.

2| Das Rindfleisch waschen, trockentupfen und in eine Schüssel legen. Die abgekühlte Marinade darüber geben, ggf. etwas Wasser nachgießen bis das Fleisch komplett bedeckt ist. Mit Frischhaltefolie abdecken und mindestens 3 Tage in den Kühlschrank stellen.

3| Das Fleisch aus der Marinade nehmen, etwas abwaschen und mit Küchenpapier trocken tupfen. Die Flüssigkeit durch ein Sieb in einer Schüssel auffangen, das Gemüse in eine separate Schale geben.

4| Den Backofen auf 175 °C Ober- und Unterhitze vorheizen. Das Fleisch salzen. In einem Bräter/einer Pfanne Butterschmalz erhitzen und das Fleisch von allen Seiten braun anbraten, anschließend auf einem Teller beiseite legen. Die Tomate würfeln und mit dem aufgefangenen, marinierten Gemüse kurz anbraten. Mit dem Marinadensud ablöschen, das Fleisch wieder hineinlegen und aufkochen. Bei mittlerer Hitze zugedeckt 2 Stunden im Ofen schmoren lassen. Unterdessen Knödel und Rotkohl zubereiten.

5| Den Braten herausnehmen und warmhalten. Die Soße durch ein Sieb in einen separaten Topf geben. Pumpernickel kleinbröseln und zusammen mit den Sultaninen zur Soße geben. Nochmals aufkochen. Die Soße mit einem Pürierstab zu einer sämigen Soße pürieren.

Den Sauerbraten in Scheiben schneiden und mit Soße übergießen. Dazu Rotkohl und Klöße servieren.

Herrencrème

BESCHWIPSTE VANILLECRÈME MIT SCHOKOLADENSPLITTERN. DIE KIRSCHE ODER IN DIESEM FALL DIE HIMBEERE AUF DEM SAHNEHÄUBCHEN BRINGT EIN HIMBEERPÜREE MIT FRISCHER MINZE.

FÜR DIE CRÈME
500 ml Milch
1 Pck. Vanillepuddingpulver
3 EL Rohrohrzucker
100 g Zartbitterschokolade
200 g Schlagsahne, kalt
1 EL Rum
5 EL Eierlikör

FÜR DAS HIMBEERPÜREE
200 g Himbeeren
1 TL Agavendicksaft
3 Stängel Zitronenmelisse, gehackt

ZEITAUFWAND
ZUBEREITEN 20 Minuten
RUHEN ca. 3 Stunden

KÜCHENUTENSILIEN
Frischhaltefolie, Handmixer mit Rührbesenaufsatz, Pürierstab, Teigschaber

SCHWIERIGKEITSGRAD
Einfach

1| 5 Esslöffel Milch mit Puddingpulver und Zucker in einer Schüssel verrühren. Restliche Milch in einem Kochtopf erhitzen und den Pudding nach Rezept auf der Verpackung zubereiten. Den fertigen Pudding in eine Schüssel geben, mit Frischhaltefolie abdecken und für 2 Stunden in den Kühlschrank stellen.

2| Die Zutaten für das Himbeerpüree mit einem Pürierstab zerkleinern, ebenfalls kaltstellen.

3| Die Schokolade in feine Splitter hacken. Die Sahne mit dem Handmixer steif schlagen. Schokolade, die Hälfte der Sahne und den Rum mit einem Teigschaber unter den kalten Pudding heben.

4| Die Herrencrème in kleine Gläser füllen. Einen Klecks Sahne (per Spritztüte oder mit Löffel gekleckst), etwas Eierlikör und Himbeerpüree und ein paar Schokostückchen oben draufgeben.

Nochmals für 60 Minuten in den Kühlschrank stellen, anschließend servieren.

FÜR 5 GLÄSER

SÜSSES

Zwiebelkuchen mit Speck

DUFTET HERRLICH WÄHREND DES BACKENS. EIN KNUSPRIG-PIKANTES HERBSTESSEN, DAS MAN AM BESTEN MIT RIESLING ODER FEDERWEISSER ABRUNDET.

FÜR 4 PERSONEN

FÜR DEN MÜRBETEIG
- 300 g Weizenmehl, Type 550
- 60 g Butter, kalt
- 1 Ei (M)
- 75 ml Weißwein
- 1/2 TL Salz
- 1/2 TL Rohrohrzucker

FÜR DIE FÜLLUNG
- 1 kg Zwiebeln
- 50 g Butter
- 3 EL Pflanzenöl
- 125 g Speck, gewürfelt
- 2 Eier (M)
- 200 g saure Sahne
- 1 TL Kümmel oder Muskatnuss, gerieben
- Salz und Pfeffer aus der Mühle

ZEITAUFWAND
- **ZUBEREITEN** 30 Minuten
- **RUHEN** 60 Minuten
- **BACKEN** 45 Minuten

KÜCHENUTENSILIEN
Handmixer mit Knethaken
Springform (Ø 26 cm), Frischhaltefolie

SCHWIERIGKEITSGRAD
Normal

1| In einer Schüssel Mehl, Salz, Butter und Zucker mit einem Handmixer vermengen. Dann das Ei und den Weißwein hinzugeben bis eine homogene Masse entstanden ist. Den Teig zu einer Kugel formen, in Frischhaltefolie einwickeln und für 60 Minuten in den Kühlschrank legen.

2| Die Zwiebeln schälen, halbieren und in feine Streifen schneiden. In einer Pfanne die Butter und das Öl bei mittlerer Temperatur erhitzen. Die Zwiebeln darin ca. 10 Minuten dünsten bis sie glasig und goldgelb sind. Dann den gewürfelten Speck und am Ende den Kümmel hinzugeben.

3| Den Backofen auf 200 °C Ober- und Unterhitze vorheizen. Die Springform fetten und mit 2/3 des Teigs auskleiden. Mit einer Gabel Boden und Seite einstechen, damit er gleichmäßig gebacken wird.

4| In einer Schüssel die saure Sahne mit den Eiern und anschließend mit den Zwiebeln vermengen. Mit Salz und Pfeffer abschmecken und in die Springform geben. Den Kuchen in den Backofen stellen und für 45 Minuten backen lassen.

Den Kuchen herausnehmen, vorsichtig von der Form lösen, in Stücke schneiden und servieren. Dazu passt ein knackiger grüner Salat.

Auch lecker: Frisch gebrutzelter Räuchertofu statt Schweinespeck!

Keschdesupp'

Eine tolle Herbstsuppe mit Esskastanien und Weisswein. Maronen schmecken übrigens auch hervorragend im Brot oder geröstet aus der Pfanne.

FÜR 4 PERSONEN

FÜR DIE SUPPE
500 g Maronen, vorgegart und geschält
2 Schalotten
1 Stange Lauch
1 Karotte
200 ml Riesling, trocken
1 l Gemüsebrühe
200 ml Sahne
1 Knoblauchzehe
1 EL Puderzucker
2 EL Butter
Muskatnuss, gerieben
Salz und Pfeffer aus der Mühle

BEILAGE/GARNITUR
4 - 5 Weißbrotscheiben
ggf. 150 g roher Schinken
etwas Schnittlauch

ZEITAUFWAND
40 Minuten

KÜCHENUTENSILIEN
Pürierstab, großer Topf

SCHWIERIGKEITSGRAD
Einfach

1| Die Schalotten und den Knoblauch schälen und würfeln. Die Maronen in Würfel schneiden. Den Lauch und die Karotte klein schneiden.

2| In einem Topf 1 EL Butter erhitzen. Die Schalotten mit den Kastanien in den Topf geben und mit Puderzucker bestreuen. Alles bei mittlerer Hitze karamellisieren lassen. Das restliche Gemüse und den Knoblauch hinzugeben und andünsten. Mit dem Riesling ablöschen und ein paar Minuten einkochen lassen. Die Sahne und die Brühe hinzugeben. Auf kleiner Flamme 15 Minuten köcheln lassen.

3| Unterdessen das Weißbrot würfeln. Eine Pfanne mit 1 EL Butter erhitzen und das Brot darin rösten.

4| Die Kastaniensuppe mit einem Stabmixer pürieren. Mit Muskat, Salz und Pfeffer abschmecken. Den Schnittlauch waschen und hacken.

Die Suppe auf einem tiefen Teller anrichten. Weißbrot und Schnittlauchröllchen darüberstreuen und servieren.

Weißwein-Geschnetzeltes

ALS ICH ZU BESUCH BEI EINER FREUNDIN AUS RHEINHESSEN WAR, KOCHTE SIE UNS DIESES GERICHT: EIN HÄHNCHENRAGOUT MIT RIESLING, WAS AUF WEINBERGSWANDERUNGEN IN EINEM FRISCHEN BRÖTCHEN SERVIERT WIRD.

FÜR 4 PERSONEN

FÜR DIE HÄHNCHENPFANNE
800 g Hähnchenbrustfilet
400 ml Riesling aus Rheinhessen
2 kleine Zwiebeln
250 g Pilze
2 Karotten
1 Zucchini, groß
250 ml Sahne
Salz und Pfeffer
1 Prise Zucker
2 EL Butter
Ggf. etwas Speisestärke

BEILAGEN
4 frische Brötchen
oder (2 kleine Tassen) Reis

ZEITAUFWAND
30 Minuten

KÜCHENUTENSILIEN
Tiefe Pfanne mit Deckel

SCHWIERIGKEITSGRAD
Mittelschwer

1| Das Gemüse putzen und ggf. waschen. Die Zwiebeln abziehen, halbieren und in Ringe schneiden. Die Pilze in Scheiben schneiden. Karotten und Zucchini halbieren und in 1 cm-dicke Scheiben schneiden. Das Hähnchenbrustfilet von Sehnen befreien und in große Würfel schneiden.

2| Eine große und tiefe Pfanne mit Butter erhitzen. Die Zwiebeln bei mittlerer Temperatur glasig dünsten. Dann das Hähnchenfilet hinzugeben. Wenn das Fleisch weiß wird, die Möhren mit hineingeben. Mit etwas Salz würzen. Eine Prise Zucker darüberstreuen und kurz karamellisieren lassen.

3| Sobald alles etwas Farbe bekommen hat, die Zucchini und Pilze hinzugeben. Mit einem Deckel zudecken und bei wenig Hitze ein paar Minuten schmoren lassen.

4| Das Fleisch und Gemüse mit Riesling ablöschen und weiterköcheln lassen. Wenn die Flüssigkeit sich leicht bräunt Sahne beigeben. Alles umrühren und weiter köcheln lassen. Mit Salz und Pfeffer abschmecken, die Soße ggf. mit etwas Speisestärke abbinden. Zugedeckt 5 Minuten ziehen lassen.

Zum Servieren ein Brötchen aufschneiden. Erst die Soße, dann das Geschnetzelte im Brötchen verteilen. Ersatzweise kann jedoch auch Reis dazu serviert werden. Dazu pro Tasse 2 Tassen Wasser zum Kochen bringen und den Reis bissfest kochen.

19
HESSEN

Selbstgebackenes Roggenbrot

EIN FEIN DUFTENDES UND KNUSPRIGES SAUERTEIGBROT ZUM HANDKÄS! ES SCHMECKT AUCH AM FOLGETAG HERRLICH FRISCH, WENN MAN ES KURZ TOASTET.

FÜR 1 BROT

FÜR DAS BROT
- 400 g Roggenvollkornmehl
- 250 g Weizenmehl, Type 550
- 400 ml Wasser, lauwarm
- 1 Pck. Trockenhefe
- 1 Pck. Sauerteigextrakt
- 1 EL Rübenkraut/Rohrzucker
- 1 EL Salz
- opt. 1 TL Kümmelsamen

ZEITAUFWAND
- ZUBEREITEN 15 Minuten
- RUHEN 2 Stunden
- BACKEN 1 Stunde

KÜCHENUTENSILIEN
Handrührgerät mit Knethaken/Küchenmaschine, Brotbackform, Küchentuch

SCHWIERIGKEITSGRAD
Einfach

1| Alle Zutaten mit dem Handrührgerät 5 Minuten verkneten. Mit einem sauberen Küchentuch zugedeckt eine Stunde an einem warmen Ort gehen lassen.

2| Eine mit Backpapier ausgekleidete Kastenform bereitstellen. Den Teig erneut für 3 Minuten durchkneten. Auf einer bemehlten Arbeitsfläche den Teig zu einem Laib formen. In die Kastenform legen und mit Küchentuch abdecken, dann nochmal 45 Minuten gehen lassen.

3| Den Backofen auf 200 °C Ober- und Unterhitze vorheizen. Eine kleine hitzebeständige Schale mit heißem Wasser unten in den Backofen stellen. Das Brot optional einritzen und mit etwas Mehl bestreuen. Das Brot für 60 Minuten backen, bis es eine schöne braune Kruste bekommen hat.

Das Roggenbrot aus dem Backofen nehmen und abkühlen lassen.

VEGAN

Handkäs mit Musigg

HANDKÄSE IST EIN FETTARMER UND PROTEINREICHER SAUERMILCHKÄSE MIT EXTRAORDINÄREM DUFT: DEN ENTWICKELT ER NÄMLICH ERST, WENN ER REIF IST. ZU DIESER VORSPEISE TRINKT MAN EIN GLAS EBBELWOI (APFELWEIN).

FÜR DEN HANDKÄS

4 Stücke Handkäse, reif
8 EL Riesling
6 EL Essig
4 EL Öl
1 Schalotte
1 rote Zwiebel
1 TL Kümmelsamen
etwas Petersilie
Salz und Pfeffer

ZEITAUFWAND

ZUBEREITEN 30 Minuten
RUHEN 1 Tag

SCHWIERIGKEITSGRAD

Einfach

1| Der Handkäs schmeckt am besten, wenn man ihn am Vortag zubereitet. Die Schalotte würfeln und zusammen mit Essig, Öl, Riesling, Kümmel und 2 EL Wasser zu einer Marinade verrühren. Mit Pfeffer und Salz würzen. Den Handkäs mit der Marinade übergießen, alles durchrühren und mind. 2 Stunden in den Kühlschrank stellen.

2| Die rote Zwiebel abziehen, halbieren und in dünne Ringe schneiden. Zum Handkäs geben.

Alles noch mal durchrühren. Auf einem Teller anrichten, mit Petersilie bestreuen und dazu ein paar Scheiben frisches Brot servieren.

FÜR 4 PERSONEN

Erst kommt der Handkäs, später die Musigg :)

VEGETARISCH

HESSEN

Tafelspitz mit Grüner Sauce

DIE SIEBEN KRÄUTER DER GRÜNEN SAUCE (RECHTE SEITE) MACHEN DIESES FRÜHJAHRSGERICHT SO HERRLICH FRISCH. DAZU PASST AUCH SPARGEL UND ANDERES SAISONALES GEMÜSE.

FÜR 4 PERSONEN

FÜR DEN TAFELSPITZ
1,5 kg Kalbstafelspitz
1 Zwiebel
1 Bund Suppengemüse
15 Pfefferkörner, schwarz
4 Pimentkörner
4 Wacholderbeeren
2 Gewürznelken
2 Lorbeerblätter
1 1/2 TL Salz

FÜR DIE GRÜNE SOSSE
1 Pck. Kräuter für grüne Soße
200 g saure Sahne
200 g Schmand
1 EL Senf, mittelscharf
1 EL Weinessig, mild
1 EL Zitronensaft
1 TL Honig
Salz und Pfeffer aus der Mühle

FÜR DAS GEMÜSE
1 kg frische Kartoffeln
4 Eier (L)

ZEITAUFWAND
ZUBEREITEN 60 Minuten
GAREN   120 Minuten

KÜCHENUTENSILIEN
Schaumlöffel, Großer Bräter, Pürierstab/Mixer, Alufolie

SCHWIERIGKEITSGRAD
Mittelschwer

1| Das Fleisch waschen und von Silberhaut befreien. Einen großen Topf mit kaltem Wasser aufsetzen, das Fleisch hineinlegen, sodass es knapp bedeckt ist. Das Wasser hochkochen, Schaum mit Schaumlöffel abschöpfen.

2| Die Zwiebel halbieren. Das Suppengemüse putzen und klein schneiden. In einer Pfanne die halbierte, ungeschälte Zwiebel auf Alufolie anrösten. Wenn das Fleisch aufgekocht ist, das Suppengemüse und den Rest der Zutaten für den Tafelspitz hinzugeben. Bei kleiner Flamme für 90 Minuten gar ziehen lassen, dann den Herd ausschalten und das Fleisch in der Brühe warmhalten.

3| Nach 70 Minuten die Kartoffeln waschen. Einen Topf mit Salzwasser erhitzen und die Kartoffeln darin gar kochen. Die Eier 10 Minuten hart kochen und warmhalten.

4| Für die Grüne Soße die Kräuter waschen, ordentlich trocken tupfen und mit einem Pürierstab zerkleinern. In einer Schüssel alle Zutaten für die Soße vermengen und mit Salz und Pfeffer abschmecken.

Die Eier pellen. Den Tafelspitz in Scheiben schneiden. Zusammen mit Pellkartoffeln, reichlich grüner Soße und zwei Eihälften auf einem Teller servieren.

FLEISCH

HESSEN

BETHMÄNNCHEN

KLEINE MARZIPANKUGELN MIT ZIMT UND GERÖSTETEN MANDELN. WICHTIG IST DABEI: KEIN MODELLIERMARZIPAN, SONDERN ROHMARZIPAN ZUM BACKEN VERWENDEN.

FÜR DIE MARZIPANKUGELN
200 g Rohmarzipan
50 g Puderzucker
100 g gemahlene Mandeln
1/2 TL Zimt
1 EL Orangenlikör
2 EL Weizenmehl, Type 405

FÜR 35 STÜCK

FÜR DIE MANDELN UND GLASUR
80 g geschälte und halbierte Mandeln
1 Ei (M)
1 Prise Salz
1 EL Milch

ZEITAUFWAND
ZUBEREITEN 20 Minuten
BACKEN 15 Minuten

KÜCHENUTENSILIEN
Backpinsel

SCHWIERIGKEITSGRAD
Einfach

1| Puderzucker und Zimt mischen und handgroß auf eine Arbeitsfläche sieben. Marzipan in Stücke schneiden. Mit den Händen alle Zutaten für die Bethmännchen verkneten und zu einer Rolle formen. Mit einem Messer 1 cm große Scheiben abschneiden.

2| Den Backofen auf 150 °C Umluft vorheizen. Ein Blech mit Backpapier bereitstellen. Aus den einzelnen Scheiben erst Kugeln, dann kleine Kegel formen (ca. 2 cm groß).

3| Je drei Mandelhälften auf die Seiten drücken und auf das Backblech legen. Milch und Eigelb mit einer kleinen Prise Salz vermischen und die Bethmännchen damit bepinseln. Für 15 Minuten im Backofen goldbraun backen.

Die Bethmännchen aus dem Backofen nehmen und auskühlen lassen.

SÜSSES

110
SAARLAND

Dibbelabbes

EIN TOPFKUCHEN AUS GERÖSTETEN KARTOFFELN, ZWIEBELN, LAUCH UND SPECK. DAZU GIBT ES EINEN FRISCHEN ENDIVIENSALAT MIT SAHNEDRESSING.

FÜR 4 PERSONEN

FÜR DAS DIBBELABBES
1 Kartoffeln
150 g Bauchspeck, geräuchert
200 g Fleischwurst
1 Stange Lauch
2 Zwiebeln
1 Bund Petersilie
2 Eier (M)
Muskatnuss, gerieben
Salz und Pfeffer
Sonnenblumenöl

FÜR DEN ENDIVIENSALAT
1 Kopf Endiviensalat
1 Schalotte
2 EL Saure Sahne
1 EL Essig
1 Knoblauchzehe
2 EL Olivenöl
Salz und Pfeffer
4 Zweige Petersilie
4 Zweige Dill

ZEITAUFWAND
1 1/2 Stunden

KÜCHENUTENSILIEN
Große und tiefe Pfanne, Kartoffelreibe, sauberes Geschirrtuch

SCHWIERIGKEITSGRAD
Einfach

1| Die Kartoffeln und die Zwiebeln waschen, schälen, fein raspeln und durch ein sauberes Geschirrtuch ausdrücken. Die Petersilie hacken, etwas für den Salat beiseite legen. Den Lauch längst halbieren, waschen und in Ringe schneiden. Den Speck würfeln. Die Eier mit Lauch und Petersilie zur Kartoffelmasse geben. Mit Salz, Pfeffer, Muskat würzen.

2| In einer tiefen Pfanne mit Öl den Speck anrösten. Die Kartoffelmasse hinzugeben und alles vermengen. Bei wenig Hitze ca. 40 Minuten braten lassen. Zwischendurch immer wieder mit einem Pfannenheber wenden.

3| Währenddessen den Endiviensalat waschen, die äußeren Blätter und den Strunk entfernen. Blätter in Streifen schneiden und in lauwarmes Wasser legen, damit die Bitterstoffe reduziert werden.

4| Für die Vinaigrette Dill putzen, Blätter abzupfen und fein hacken. Schalotte und Knoblauch häuten und fein würfeln. Erst Sahne, Essig, Salz und Pfeffer verrühren, dann Öl hinzugeben. Alle restlichen Zutaten hinzugeben und alles vermengen.

5| Die Hitze zum Schluss noch mal erhöhen und das Dibbelabbes unter Wenden schön knusprig braten. Dressing und Salat in einer Schüssel vermengen.

Etwas Dibbelabbes und Salat auf einem Teller anrichten und servieren.

SAARLAND

VIEZSUPPE

EINE SUPPE AUF BASIS VON MERZIGER APFELWEIN, FRISCHEN ÄPFELN, SAHNE UND INGWER. ZUM SCHLUSS WIRD ALLES PÜRIERT UND ERGIBT EINE FEINE CRÉMESUPPE.

FÜR 4 PERSONEN

FÜR DIE SUPPE
5 Zwiebeln rot
5 Knoblauchzehen
2 Petersilienwurzeln
2 Boskop Äpfel
Frischer Ingwer (1 cm)
400 ml Gemüsebrühe
400 ml Viez-/Apfelwein
250 ml Sahne
150 g Butter
1 Bund Petersilie
Salz und Pfeffer
Muskatnuss, gerieben

ZEITAUFWAND
30 Minuten

KÜCHENUTENSILIEN
Kochtopf, Pürierstab

SCHWIERIGKEITSGRAD
Einfach

1| Äpfel schälen, entkernen und feinwürfeln. Zwiebeln, Petersilienwurzel, Knoblauch häuten und feinwürfeln. Den geschälten Ingwer fein hacken. Alles in einen Topf mit Butter geben und andünsten. Mit Gemüsebrühe ablöschen und 10 Minuten bei mittlerer Temperatur köcheln lassen.

2| Die Sahne hinzugeben und alles pürieren. Anschließend 10 Minuten weiterköcheln lassen. Mit Salz, Pfeffer und Muskat abschmecken. Die Petersilie fein hacken.

Die Suppe auf einem Teller anrichten und mit Petersilie bestreuen.

VEGETARISCH

GEHEIRADE

KLEINE FLACHE KNÖDEL (MEHLKNEPP) MIT WALNUSSMEHL UND FRISCHEN PILZEN. DAZU PASST ALLERLEI FRISCHES GEMÜSE, WAS SEPARAT BLANCHIERT UND DANN MIT DEM REST SERVIERT WIRD.

FÜR 4 PERSONEN

FÜR DIE MEHLKNEPP
- 4 Eier (M)
- 80 g Frischkäse
- 80 ml Mineralwasser
- 150 g Weizenmehl, Type 550
- 75 Walnussmehl
- 100 g Butter, zimmerwarm
- Salz und Pfeffer
- Muskatnuss, gerieben
- 2 Stiele Petersilie

FÜR DIE PILZSOSSE
- 500 g frische Pilze (z. B. Champignons oder Austernpilze)
- 2 Schalotten
- 100 ml Schlagsahne
- blanchiertes Gemüse der Saison

ZEITAUFWAND
- ZUBEREITEN 20 Minuten
- RUHEN 15 Minuten

KÜCHENUTENSILIEN
Schaumlöffel, Schneebesen

SCHWIERIGKEITSGRAD
Einfach

1| In einer Schüssel die Butter mit dem Frischkäse vermengen. Anschließend die Eier langsam unterrühren und schaumig schlagen. Weizen- und Walnussmehl hinzugeben bis eine homogene Masse entsteht. Zugedeckt für 15 Minuten quellen lassen.

2| Salzwasser in einem Topf zum Kochen bringen. Mit einem Esslöffel die Mehlknepp abstechen und ins Wasser geben. Bei geringer Hitze 20 Minuten sieden lassen, bis sie an die Oberfläche steigen.

3| Währenddessen die Schalotten häuten und fein würfeln. Die Pilze putzen, waschen und in Scheiben schneiden. In einer Pfanne mit Butter die Schalotten bei mittlerer Temperatur glasig dünsten. Die Pilze hinzugeben und kurz anschwitzen. Mit Sahne ablöschen und zugedeckt köcheln lassen. Mit Salz und Pfeffer abschmecken.

4| Die Mehlknepp mit einem Schaumlöffel aus dem Wasser nehmen und abtropfen lassen. Eine Pfanne mit Butter leicht erhitzen und die Knepp darin wenden. Mit Salz und Muskat würzen.

Die Petersilie hacken. Die Mehlknepp auf Teller anrichten, mit Pilzsoße übergießen und mit Petersilie bestreuen. Dazu passt frisches, saisonales Gemüse und ein Glas Weißwein.

11
BADEN-WÜRTTEMBERG

Kässpätzle

Schwäbischer Klassiker. Die Kunst besteht im Abschaben des frischen Nudelteigs vom nassen Spätzlebrett. Etwas leichtere Methoden sind die Verwendung der „Flotten Lotte" oder ein Pasta-/Spätzlehobel.

FÜR 4 PERSONEN

FÜR DIE KÄSESPÄTZLE
400 g Spätzlemehl oder Weizenmehl, Type 550
4 Eier
150 ml Wasser
1 Prise Salz
Muskatnuss, gerieben
ca. 200 g Käse (Appenzeller oder Allgäuer Bergkäse)
Butter
4 Schalotten

Petersilie oder Schnittlauch
optional Pfeffer

ZEITAUFWAND
ZUBEREITEN 20 Minuten
RUHEN   15 Minuten
BACKEN   10 Minuten

KÜCHENUTENSILIEN
Spätzlebrett und Schaber, Flotte Lotte, Spätzlehobel, Käsereibe, Schaumlöffel, großer Topf

SCHWIERIGKEITSGRAD
Mittelschwer

1| Mehl, Eier und Wasser zu einem Teig verrühren, bis er zähflüssig ist und am Rand kleine Blasen wirft. Mit Salz und einer Prise Muskat abschmecken. Den Teig 15 Minuten gehen lassen.

2| Einen Topf mit Salzwasser zum Kochen bringen, dann die Hitze reduzieren. Den Schaber und das Brett mit Wasser aus dem Kochtopf befeuchten. Den Teig dünn auf dem Brett verteilen und zügig ins Wasser schaben. Die Spätzle sind fertig, wenn sie an der Oberfläche schwimmen (ca. 2 Minuten).

3| Zwiebeln in halbe Ringe schneiden und in einer Pfanne mit Butter bei niedriger Temperatur 10 Minuten glasig „schmelzen" (dünsten).

4| Den Backofen auf 180 °C Umluft erhitzen. Die fertigen Spätzle mit dem Schaumlöffel abschöpfen. Lage um Lage Spätzle und Käse in die Auflaufform schichten und backen bis der Käse geschmolzen ist.

Zum Schluss auf dem Teller anrichten und mit Zwiebeln und Kräutern garnieren.

Dazu passt ein trockener Weißwein wie Riesling oder Grüner Veltliner.

BADEN-WÜRTTEMBERG

Schwarzwälder Kirschtorte

Fix ein paar Küchenhelfer engagieren, Arbeitsschritte aufteilen und am Ende gemeinsam schlemmen! Für noch mehr Frische: etwas gehackte Minze in die Sahne geben!

FÜR 14 PORTIONEN

FÜR DEN SCHOKOBODEN
6 Eier
1 Prise Salz
180 g Rohrohrzucker
100 g Weizenmehl, Type 405
50 g echtes Kakaopulver
5 EL Speisestärke, gestrichen

FÜR FÜLLUNG UND BELAG
550 g Sauerkirschen
3 EL Rohrohrzucker
1/2 Zimtstange
100 ml Kirschwasser
800 ml Sahne
1 Päckchen Sahnesteif
1/2 TL Bourbonvanille
Biozitronenschale, gerieben
100 ml Wasser
1 EL Speisestärke
100 g Zartbitterschokolade

ZEITAUFWAND
ZUBEREITEN 50 Minuten
BACKEN 25 Minuten

KÜCHENUTENSILIEN
Sieb, Springform (Ø 26 cm), Kuchenmesser/ langes Messer, Küchenschäler, Handmixer, Tortenteller, Teigschaber

SCHWIERIGKEITSGRAD
Einfach

1| Für den Schokoladen-Biskuitboden zuerst die Eier trennen. In einer Schüssel Eiweiß mit Salz steif schlagen. Nach und nach Zucker hinzugeben bis eine homogene Masse entsteht. Die Eigelbe unterrühren. Kakaopulver, Mehl und Stärke vermengen und durch ein Sieb schrittweise unter den Teig heben.

2| Den Backofen auf 200 °C Ober- und Unterhitze vorheizen. Den Teig in eine Springform geben und für 25 Minuten backen. Anschließend herausnehmen und komplett abkühlen lassen.

3| Während dem Backen 14 Kirschen für die Dekoration beiseite legen und für die Füllung den Rest der Kirschen waschen und entsteinen. Mit 2 EL Zucker vermengen und 30 Minuten ziehen lassen.

4| Kirschen abtropfen lassen und den Saft in einem Kochtopf auffangen. Wasser hinzufügen und mit einer Zimtstange aufkochen.

1 EL Speisestärke in kaltem Wasser anrühren und mit den Kirschen im Topf einmal aufkochen. Die Kirschen vom Herd nehmen, Zimtstange entfernen und abkühlen lassen.

5| Die Sahne mit 1 EL Zucker, Sahnesteif und Bourbonvanille steif schlagen. Mit etwas geriebener Zitronenschale abschmecken.

6| Den Boden mit einem Messer zweimal waagerecht durchschneiden, sodass drei große Scheiben entstehen. Den ersten Biskuitboden auf einen Tortenteller legen, mit Kirschwasser beträufeln, mit Sahne und Kirschen kreisförmig belegen. Schicht um Schicht Boden, Kirschwasser, Sahne und Kirschen auftragen. Den Rest der Sahne rundherum auf und um die Torte verstreichen. Die Schokolade raspeln und darüber streuen. Die 14 Kirschen auf der Torte verteilen.

Die Torte in Stücke schneiden und servieren.

SÜSSES

MAULTASCHEN

DIE VEGETARISCHE VARIANTE WIRD STATT MIT HACKFLEISCH MIT SPINAT, MÖHRE, LAUCH UND BERGKÄSE BEFÜLLT.

FÜR 4 PERSONEN

FÜR DEN NUDELTEIG
350 g Weizenmehl, Type 405
2 Eier
1 Prise Salz
50 ml Wasser

FÜR DIE FÜLLUNG UND SOSSE
2 Schalotten
2 Knoblauchzehen
150 g Spinat, aufgetaut
1/2 Stange Lauch
3 Stängel Petersilie, glatt, gehackt
1 Möhre
1 Ei (M)
1 Brötchen vom Vortag
100 g Bergkäse am Stück
100 g Quark
50 ml Milch, lauwarm
Muskatnuss, gerieben
Biozitronenschale, gerieben

400 ml Gemüsebrühe
3 EL Butterschmalz
1 Zwiebel
1 TL Papikapulver, edelsüß
Salz und Pfeffer

ZEITAUFWAND
ZUBEREITEN 20 Minuten
RUHEN 1 Stunde

KÜCHENUTENSILIEN
Nudelholz, Frischhaltefolie, Handmixer mit Knethaken, Schaumlöffel

SCHWIERIGKEITSGRAD
Mittelschwer

1| Alle Zutaten für den Nudelteig und 300 g Mehl in eine Schüssel geben. 5 Minuten kneten. Den Teig mit Frischhaltefolie umwickelt für eine Stunde in den Kühlschrank legen.

2| Das Brötchen in Würfel schneiden und in Milch einweichen lassen. Schalotten, Knoblauch und Möhre schälen und würfeln. Lauch halbieren, waschen und würfeln. Spinat abtropfen lassen.

3| In einer Pfanne mit Butterschmalz das Gemüse ohne Spinat dünsten. Den Bergkäse in eine Schüssel reiben. Anschließend alle Zutaten für Füllung vermengen. Mit Salz, Pfeffer, Muskatnuss und Zitronenschale abschmecken.

4| Den Nudelteig halbieren, eine Hälfte in Frischhaltefolie verpackt weiterkühlen. Die Arbeitsfläche mit Mehl bestäuben. Den Teig zu einem 5 mm dünnen langem Rechteck walzen. Die runden Ecken des Teigs abtrennen und 5 gleich große Rechtecke abtrennen.

Jeweils eine kleine Portion Spinatfüllung auf ein Rechteck geben, Ränder von 0,5 - 1 cm frei lassen. Das Rechteck von der kurzen Seite her zuklappen. Die Enden mit einer Gabel zudrücken. Die zweite Hälfte des Teigs ebenso verarbeiten.

5| Die fertigen Maultaschen in einen Topf mit kochendem Salzwasser legen für ca. 7 Minuten garen. Anschließend mit einem Schaumlöffel aus dem Wasser nehmen und warm halten.

6| Die Zwiebel abziehen und in feine Scheiben schneiden. In einer Pfanne Butterschmalz erhitzen und die Zwiebeln bei kleiner Hitze 10 Minuten glasig „schmelzen". Mit Paprikapulver, Salz und Pfeffer würzen, mit Gemüsebrühe ablöschen und für ein paar Minuten köcheln lassen.

Die Maultaschen auf einem tiefen Teller anrichten und mit der Zwiebelbrühe bedecken.

VEGETARISCH

BADEN-WÜRTTEMBERG

Dinnete

MINIPIZZEN, DIE SICH PRAKTISCH MIT ALLEM BELEGEN LASSEN. Z. B. SPECK UND ZWIEBELN, LAUCHZWIEBELN, SAUERRAHM UND PFEFFER, EMMENTALER, KARTOFFELN, USW.

FÜR 4 PERSONEN

FÜR DEN HEFETEIG
1 kg Weizenmehl, Type 550
1/2 Pck. Hefe
Etwas Milch, lauwarm
2 EL Salz, gehäuft
Biozitronenschale, gerieben
700 ml Wasser

FÜR DEN BELAG
400 g Schmand
2 Eier
2 TL Salz
2 Knoblauchzehen
3 Zwiebeln
Pfeffer
1 Bund Schnittlauch
200 g Speck, geräuchert
Kümmelsamen
2 EL Butter
Mehl für die Arbeitsfläche

ZEITAUFWAND
ZUBEREITEN 40 Minuten
RUHEN 2 Stunden
BACKEN 20 Minuten

KÜCHENUTENSILIEN
Handmixer mit Knethaken

SCHWIERIGKEITSGRAD
Einfach

1| Die Hefe in der lauwarmen Milch auflösen. Alle Zutaten für den Hefeteig in einer Schüssel mit einem Handmixer verkneten. Zugedeckt 60 Minuten an einem warmen Ort gehen lassen. Anschließend in 8 Kugeln aufteilen und auf einem bemehlten Brett verteilen. Nochmals zugedeckt für 60 Minuten warm ruhen lassen.

2| Währenddessen die Zwiebeln schälen, halbieren und in feine Scheiben schneiden. In einer Pfanne Butter erhitzen und die Zwiebeln darin andünsten. Anschließend auf einem Teller mit etwas Küchentuch abtropfen lassen.

3| Den Schnittlauch waschen und kleinhacken. Die Knoblauchzehen durch eine Presse in eine Schüssel drücken. Schmand, Salz, Eier, Knoblauch, Schnittlauch mit den Zwiebeln vermengen.

4| Den Backofen auf 250 °C Ober- und Unterhitze vorheizen. Ein Backblech mit Backpapier bereitstellen. Mit bemehlten Händen die Teigbällchen zu kleinen Pizzen formen und auf dem Blech verteilen. Mit Belag bestreichen. Den Speck in kleine Würfel schneiden und zusammen mit dem Kümmel über die Fladen streuen.

Die Dinnete 20 Minuten backen und warm servieren.

FLEISCH/ VEGETARISCH

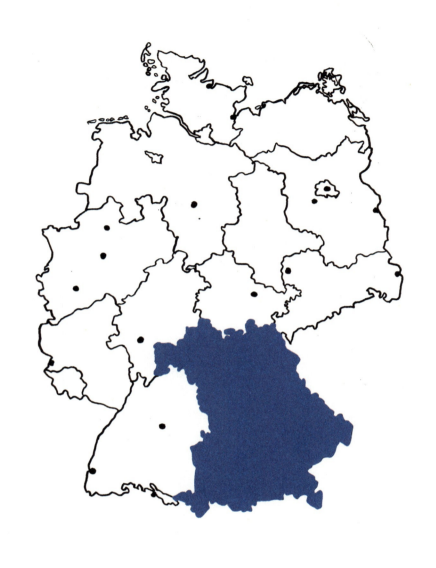

12
BAYERN

SCHÄUFERLA

SCHWEINEKRUSTENBRATEN MIT BIERSOSSE, KARTOFFELKNÖDELN UND SAUERKRAUT. AM BESTEN EIGNET SICH FLEISCH AUS DER SCHULTER MIT SCHWARTE. DIES KANN MAN DIREKT VOM METZGER KREUZFÖRMIG EINSCHNEIDEN LASSEN.

FÜR 4 PERSONEN

FÜR DIE SCHÄUFERLA
4 Schweineschäuferla mit Knochen und Schwarte
1/2 TL Kümmel, gemahlen
Etwas Majoran und Rosmarin
3 EL Butterschmalz
Salz
Pfeffer

FÜR DIE SOSSE
250 ml Fleischbrühe
250 ml dunkles Bier
2 Zwiebeln
1 Knoblauchzehe
1/2 Lauchstange
1 Bund Suppengrün
1/2 TL Pimentkörner
2 Gewürznelken
2 Lorbeerblätter

KARTOFFELKNÖDEL
Rezept Seite 123

SAUERKRAUT
Rezept Seite 133

ZEITAUFWAND
ZUBEREITEN 30 Minuten
RUHEN 1 Tag
GAREN 120 Minuten

KÜCHENUTENSILIEN
Großer Schmortopf, Soßensieb

SCHWIERIGKEITSGRAD
Mittelschwer

1| Das Fleisch einen Tag vorher mit den Gewürzen einreiben. Das Fleisch waschen, trocken tupfen und die Schwarte mit einem scharfen Messer/ sauberen Teppichcutter einritzen. Die Gewürze in einer Schüssel vermengen und mit den Händen in das Fleisch reiben.

2| Den Backofen auf 230 °C Ober- und Unterhitze vorheizen. Die Zwiebeln abziehen, halbieren und in grobe Stücke schneiden. Das Gemüse, den Knoblauch und das Suppengrün abwaschen und klein schneiden.

3| In einem Schmortopf Butterschmalz erhitzen und mit einem Deckel darauf im Ofen erhitzen. Den Topf öffnen, die Zwiebeln und das Gemüse hinzugeben, etwas an den Rand schieben und die Schäuferla mit der Schwarte nach oben hineinlegen. Ca. 15 Minuten ohne Deckel braten lassen. Darauf achten, dass die Zwiebeln nicht verbrennen.

4| Anschließend die Schäuferla umdrehen und mit der Fleischbrühe und dem Bier übergießen. Piment, Gewürznelken, Lorbeer hinzugeben. Bei 200 °C 90 Minuten garen lassen, ggf. Brühe nachgießen.

5| Die Knödel zubereiten und das Sauerkraut erwärmen. Die Schäuferla aus dem Ofen nehmen, mit der nun weichen Schwarte nach oben drehen. Anschließend noch mal für 30 Minuten in den Backofen geben, bis die Kruste knusprig braun ist.

6| Die Schäuferla aus dem Kochtopf nehmen. Um Fett von der Soße zu trennen, die Soße kurz abkühlen lassen und Fett von der Oberfläche abschöpfen (Währenddessen Fleisch und Klöße warm halten). Die Soße durch ein Sieb gießen, ggf. mit Stärke oder Soßenbinder abbinden und mit Salz und Pfeffer abschmecken.

Die Schäuferla in Scheiben schneiden. Auf einem Teller Klöße, Sauerkraut und Fleisch anrichten und mit Soße übergießen.

SCHUPFNUDELN

WEGEN IHRER FORM AUCH FINGERNUDELN UND BUBENSPITZLE (SPITZLE = PENIS) GENANNT. MAN KANN SIE SÜSS ALS DESSERT SERVIEREN ODER HERZHAFT ALS HAUPTGANG. EIN PAAR TIPPS DAZU FINDET IHR UNTEN LINKS.

FÜR DEN NUDELTEIG
1 kg Kartoffeln, mehligkochend
2 Eier (M)
250 - 300 g Weizenmehl, Type 405
Salz und Pfeffer
Muskatnuss, gerieben

Butter zum Anbraten
Mehl für die Arbeitsfläche

ZEITAUFWAND
ca. 1 Stunde

BEILAGEN
Deftig: Speck, Sauerkraut und Zwiebeln, Räuchertofu
Süß: Zimt, Rohrohrzucker, Obstkompott oder Vanillesoße

KÜCHENUTENSILIEN
Kartoffelpresse oder Gabel, Schaumlöffel

SCHWIERIGKEITSGRAD
Einfach

FÜR 4 PERSONEN

1| Die Kartoffeln waschen und in einem Topf mit Salzwasser gar kochen. Anschließend das Wasser abschütten, die Kartoffeln etwas abkühlen lassen und schälen.

2| Mit einer Kartoffelpresse oder Gabel die Kartoffeln in einer Schüssel zerdrücken. Wenn die Kartoffelmasse lauwarm ist, Salz, Pfeffer, Muskatnuss und Eier unter den Teig rühren. Anschließend das Mehl nach und nach hinzugeben und mit den Fingern verkneten. Ist der Teig noch zu klebrig, kann Mehl hinzugefügt werden.

3| Auf einer sauberen bemehlten Arbeitsfläche den Teig zu einer ca. 5 cm dicken Rolle formen. Mit einem Messer 2 cm breite Stücke schneiden und daraus kleine (Finger-)Nudeln formen.

4| Unterdessen in einem Topf Salzwasser zum Kochen bringen und die Nudeln nach und nach hineingeben. Sobald sie an die Oberfläche steigen (nach ca. 2 Minuten) mit einem Schaumlöffel abschöpfen und abschrecken. Die fertigen Nudeln in einer Pfanne mit etwas Butter anbraten.

Je nach Geschmack deftig oder süß weiterverarbeiten und auf einem Teller servieren.

BAYERN

Rinderrouladen

EINMAL IST DIE MUTTER EINES FREUNDES WÄHREND DER ZUBEREITUNG EINGESCHLAFEN. AM ENDE WAREN DIE ROULADEN SEHR ZART, SAFTIG UND AROMATISCH. DAS RESUMÉ: GEDULD ZAHLT SICH BEIM SCHMOREN AUS!

FÜR DIE ROULADEN
4 Scheiben Rinderfleisch, Oberschale (je 200 g)
8 Scheiben Speck
4 große Gewürzgurken
ca. 5 EL Senf, mittelscharf
2 Zwiebeln
2 Knoblauchzehen
80 g Butter
3 - 5 EL Rinderfond
1 Lorbeerblatt
Rotwein, z. B. Dornfelder
Salz und Pfeffer
Speisestärke
etwas Öl

FÜR 4 PERSONEN

ZEITAUFWAND
ZUBEREITEN   30 Minuten
GAREN   2 Stunden

BEILAGEN
Kartoffel-/Semmelknödel und Rotkohl

KÜCHENUTENSILIEN
Bräter, Küchengarn, Fleischklopfer

SCHWIERIGKEITSGRAD
Einfach

1| Die Rindfleischscheiben mit dem Fleischklopfer platt klopfen. Die Oberseite der Scheibe salzen, pfeffern und dünn mit Senf bestreichen. Je zwei Speckstreifen drauf legen. Die Gewürzgurken der Länge nach vierteln und an dem einen Ende platzieren. Eine kleine Hand Speckwürfel darüber streuen.

2| Die Rouladen rollen: Dabei darauf achten, dass die Seiten mit eingeschlagen werden. Mit etwas Küchengarn die Rouladen mittig und außen zusammenbinden.

3| Den Backofen auf 130 °C Ober- und Unterhitze vorheizen. In einem Bräter etwas Öl erhitzen. Die Rouladen rundherum braun anbraten und anschließend auf einen Teller legen. Den Sud mit dem Rotwein aufkochen. Mit einem Holzlöffel den Bratensatz mit dem Sud vermengen.

4| Die Rouladen wieder hineinlegen und bis zur Hälfte mit Rotwein befüllen.

Kurz aufkochen und dann bei kleiner Flamme zugedeckt schmoren lassen.

5| Die Zwiebeln und den Knoblauch schälen und würfeln. Zusammen mit einem Stück Butter und Lorbeer zu der Soße geben. Den Topf mit Deckel zugedeckt in den Backofen schieben und 2 Stunden schmoren lassen. 2 bis 3 Mal pro Stunde die Rouladen wenden und mit dem Sud begießen.

6| Die Rouladen aus dem Bräter nehmen. Den Sud durch ein Sieb abschöpfen und mit dem Rinderfond auf dem Herd aufkochen. Mit Pfeffer und Salz abschmecken. Die Soße mit der Speisestärke abbinden.

Je eine Roulade mit Beilagen auf einem Teller anrichten und mit Soße übergießen.

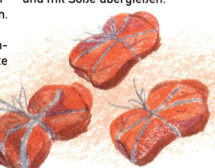

FLEISCH

ROTKOHL

AM BESTEN BEREITET MAN DEN APFELROTKOHL AM VORTAG ZU. SO KÖNNEN DIE GEWÜRZE ÜBER NACHT IHR VOLLES AROMA ENTFALTEN.

FÜR DEN KOHL
1 Kopf Rotkohl
50 g Butterschmalz
2 Boskop Äpfel, groß
2 Zwiebeln, mittelgroß
2 EL Rohrohrzucker
2 EL Essig
2 Lorbeerblätter
200 ml Wasser
4 Nelken
7 EL Rotwein
2 EL Salz, gestrichen
etw. Stärke zum Binden

ZEITAUFWAND
30 Minuten

BEILAGEN
Fleischgerichte wie Braten, dazu Rotkohl

SCHWIERIGKEITSGRAD
Einfach

1| Den Rotkohl waschen und die äußeren Blätter entfernen. Mit einem großen Küchenmesser vierteln und den Strunk herausschneiden. Anschließend in feine Streifen schneiden.

2| Die Zwiebeln schälen und in Streifen schneiden. Die Äpfel entkernen, schälen und in feine Würfel schneiden. In einem Topf den Schmalz erhitzen und Zwiebel und Äpfel darin andünsten. Anschließend mit dem Zucker bestreuen und umrühren. Den Rotkohl mit dem Essig in den Topf geben und zugedeckt für 10 Minuten köcheln lassen.

3| Nelken, Lorbeer, Wasser und Salz zum Rotkohl geben und umrühren. Zugedeckt bei mittlerer Hitze 30 Minuten dünsten. Gelegentlich umrühren.

4| Mit Rotwein und ggf. Salz und Pfeffer erneut abschmecken. Etwas Stärke in kaltem Wasser auflösen und die Soße binden. Ein paar Minuten köcheln lassen, dann servieren.

Den Rotkohl mit Knödeln und Braten servieren.

VEGETARISCH

BAYERN

Knödel aus... ..Semmeln

FÜR SEMMELKNÖDEL EIGNEN SICH ÜBRIGENS AUCH LAUGEN-BREZELN VOM VORTAG. IN DEM FALL BITTE SPARSAMER MIT DEM SALZ UMGEHEN.

FÜR 4 PERSONEN

FÜR DEN TEIG
6 Brötchen/Semmeln vom Vortag
250 ml Milch
3 Eier
1 Zwiebel
1 Bund Petersilie, glatt
1 TL Muskatnuss, gerieben
10 g Butter
Salz und Pfeffer
Semmelbrösel
5 - 10 EL Speisestärke

ZEITAUFWAND
30 Minuten

BEILAGEN
Fleischgerichte wie Braten, dazu Rotkohl

KÜCHENUTENSILIEN
Schaumlöffel, große Schüssel

SCHWIERIGKEITSGRAD
Einfach

1| Die Brötchen in kleine Würfel schneiden und in eine Schüssel geben. Die Zwiebeln schälen und würfeln, die Petersilie klein hacken und zusammen in einer Pfanne kurz anschwitzen. Die Milch auf dem Herd in einem Topf kurz erwärmen. Die Brötchenwürfel mit der Milch und den Zwiebeln übergießen. Alles verrühren und 10 Minuten gehen lassen.

2| Einen Topf mit Salzwasser zum Kochen bringen. In einer Schale die Eier mit einem Schneebesen verrühren. Ordentlich mit Pfeffer und Salz würzen und Muskatnuss hinzugeben. Ggf. Semmelbrösel zum Andicken hinzugeben.

3| Die Hände mit Wasser befeuchten und kleine Kugeln formen. Bevor man die Knödel ins Wasser gibt, einmal kurz in Stärke wälzen (So verringert man das Risiko, dass sie im Wasser zerfallen). Das Wasser sollte heiß sein, nicht kochen, sodass die Knödel gar ziehen können.

Sobald sie an der Oberfläche schwimmen (nach ca. 10 Minuten), kann man sie mit einem Schaumlöffel aus dem Wasser nehmen und servieren.

VEGETARISCH

..KARTOFFELN

MIT GESCHMORTEN PFIFFERLINGEN ALS HAUPTGANG ODER ALS BEILAGE ZUM SONNTAGSBRATEN. ODER AM TAG DANACH KNUSPRIG IN DER PFANNE ANGEBRATEN!

FÜR DEN TEIG
1 kg Kartoffeln, mehligkochend
100 g Weizenmehl, Type 550
100 g Stärke
2 Eier
Salz

ZEITAUFWAND
30 Minuten

BEILAGEN
Fleischgerichte wie Braten, dazu Rotkohl

KÜCHENUTENSILIEN
Schaumlöffel

SCHWIERIGKEITSGRAD
Einfach

1| Die Kartoffeln in einem Topf als Salzkartoffeln kochen, kurz abkühlen lassen und schälen. Mit Hilfe einer Kartoffelpresse in eine Schüssel drücken. Nochmals etwas abkühlen lassen.

2| Einen Topf mit Salzwasser zum Kochen bringen. Salz, Eier, Stärke und Mehl mit den Kartoffeln in der Schüssel vermengen. Der Teig sollte nur leicht feucht und noch etwas warm sein. Bei Bedarf noch etwas Stärke/Mehl hinzufügen.

3| Mit angefeuchteten Händen kleine Kugeln formen, in den Topf mit Salzwasser geben. Das Wasser sollte immer heiß sein, aber nicht kochen, sodass die Knödel gar ziehen können.

Sobald sie an der Oberfläche schwimmen (nach ca. 10 Minuten), kann man sie mit einem Schaumlöffel aus dem Wasser nehmen und servieren.

VEGETARISCH

BAYERN

OBATZTER

NICHT NUR AUF DER WIESN EIN GENUSS: OBATZTER GEHT SCHNELL UND IST DANK REIFEM CAMEMBERT, PAPRIKA UND KÜMMEL EIN WUNDERBAR WÜRZIGER BELAG FÜR FRISCH GEBACKENES BROT ODER BREZN!

FÜR DEN AUFSTRICH
200 g reifer Camembert, aus dem Kühlschrank
2 EL Butter, zimmerwarm
1 1/2 Zwiebeln, mittelgroß
5 EL Frischkäse, Doppelrahmstufe
1 1/2 TL Paprikapulver, scharf
1 Msp. Kümmel, gemahlen
3 EL Helles Bier
5 Halme Schnittlauch
2 Radieschen
Salz und Pfeffer

ZEITAUFWAND
20 Minuten

SCHWIERIGKEITSGRAD
Einfach

FÜR 4 PERSONEN

1| Den Camembert in Würfel schneiden. Butter und Camembert in einer Schüssel mit einer Gabel zerdrücken. Die Zwiebeln schälen und fein würfeln. Alle restlichen Zutaten mit dem Käse und den Zwiebeln verrühren. Mit Pfeffer und Salz würzen.

2| Die Radieschen waschen und in feine Scheiben schneiden. Den Schnittlauch waschen und fein hacken.

Einen Klecks Obatzter auf einem Teller anrichten, mit Radieschenscheiben garnieren und mit Schnittlauch bestreuen. Dazu eine Scheibe frisches Brot servieren.

VEGETARISCH

Brezn'

LAUGENBREZEL EINFACH SELBSTGEMACHT. NOCH FRISCH AUS DEM OFEN SCHMECKEN SIE AM BESTEN! EINFACH MIT SCHNITTLAUCH UND BUTTER ODER SELBST GEMACHTEM OBATZTER SERVIEREN!

FÜR 10 PORTIONEN

FÜR DIE BREZN
500 g Weizenmehl, Type 550
1 Pck. Trockenhefe
300 ml Wasser, lauwarm
40 g Margarine, zimmerwarm
1 TL Salz
Salz, grobkörnig

FÜR DIE LAUGE
1,5 L Wasser
2 EL Natron

ZEITAUFWAND
ZUBEREITEN 30 Minuten
RUHEN 30 Minuten
BACKEN 20 Minuten

KÜCHENUTENSILIEN
Eine Schüssel, Ein großer Topf, Handmixer mit Knethaken, Backbleche mit Backpapier, Schaumlöffel

SCHWIERIGKEITSGRAD
Einfach

1| Das Mehl in einer Schüssel mit der Trockenhefe mischen. Mit dem Handmixer nach und nach Wasser, dann Margarine und Salz unterrühren. Den Teig zugedeckt an einem warmen Ort für 30 Minuten gehen lassen.

2| Auf einer bemehlten Arbeitsfläche aus dem Teig eine Wurst formen und mit einem Messer in 10 gleich große Stücke schneiden. Aus den Stücken jeweils ca. 40 cm lange Würste rollen, dabei die Mitte etwas dicker formen. Dann zu Brezeln zusammen legen.

3| Zwei Backbleche mit Backpapier bereitstellen. In einem Topf Wasser und Natron aufkochen. Die Hitze runterdrehen, sodass das Wasser nur siedet.

4| Mit einem Schaumlöffel jede Brezel einzeln für 30 Sekunden in die Lauge tauchen und danach auf ein Backblech legen.

5| Den Backofen auf 220 °C Umluft vorheizen. Die Oberseite des dicken Endes der Brezel mit einem Messer einritzen. Mit grobkörnigem Salz bestreuen. Anschließend für 20 Minuten auf mittlerer Schiene backen, bis sie knusprig braun sind.

Die Brezeln aus dem Ofen nehmen und kurz abkühlen lassen. Mit Butter/Obatzter und gehacktem Schnittlauch servieren.

VEGAN

BAYERN

Donauwelle

RÜHRKUCHEN MIT KIRSCHEN, BUTTERCREME UND KNACKIGER SCHOKOLADE ON TOP. FÜR EINE GROSSFAMILIE ZUM FRÜHSTÜCK, MITTAG UND ABENDBROT.

FÜR 1 BLECH

FÜR DEN RÜHRTEIG
380 g Weizen- oder Dinkelmehl, Type 550
200 g Rohrohrzucker
6 Eier (M)
250 g Butter
1 Pck. Vanillezucker
1 Pck. Backpulver
30 g echtes Kakaopulver
60 ml Milch
1 Prise Salz

1 Glas Schattenmorellen

FÜR DIE PUDDINGCREME
500 ml Milch
50 g Rohrohrzucker
200 g Butter, zimmerwarm
1 Pck. Vanillepuddingpulver

FÜR DEN SCHOKOLADENGUSS
200 g Zartbitterschokolade
20 g Kokosfett

ZEITAUFWAND
ZUBEREITEN 30 Minuten
RUHEN 2 Stunden
BACKEN 1 Stunde

KÜCHENUTENSILIEN
Teigkarte/Gabel für Welle, Teigschaber/Löffel, Küchensieb

SCHWIERIGKEITSGRAD
Mittelschwer

1| Die Kirschen abtropfen lassen. Für den Rührteig erst die Butter in einem kleinen Kochtopf erwärmen. Anschließend mit dem Zucker verquirlen, bis er sich aufgelöst hat. Ein Ei nach dem anderen hinzugeben und alles zu einer homogenen Masse verrühren. Mehl, Salz und Backpulver in einer separaten Schüssel vermischen, anschließend nach und nach durch ein Sieb in den Teig sieben.

2| Ein gefettetes Backblech bereitstellen. Den Backofen auf 180 °C Ober- und Unterhitze vorheizen. 2/3 des Rührteigs auf das Blech geben und mit einem Teigschaber glatt streichen. Zu dem verbleibenden Drittel das Kakaopulver sieben und mit der Milch verrühren.

3| Erst den Kakaoteig, dann die Kirschen gleichmäßig auf dem hellen Teig verteilen. Den Kuchen für 40 Minuten backen.

4| Währenddessen den Pudding nach Anleitung auf der Verpackung zubereiten. Mit Frischhaltefolie abdecken und im Kühlschrank abkühlen lassen.

5| Den Kuchen aus dem Backofen nehmen und auskühlen lassen. Die Butter verquirlen und Löffel für Löffel unter den kalten Pudding heben. Anschließend die Puddingcreme darauf verteilen. An einem kühlen Ort eine Stunde ziehen lassen.

6| Für die Glasur die Kuvertüre und das Kokosöl in einer Schale im Wasserbad schmelzen lassen. Ca. 10 Minuten abkühlen lassen auf dem Kuchen verteilen. Mit einer Gabel die Welle in die noch warme Glasur ziehen.

Den Kuchen abkühlen lassen, danach mit einem heißen Messer in Stücke schneiden und auf einem Teller servieren.

SÜSSES

NONNENFÜRZLE

JACOB UND WILHELM GRIMM BESCHRIEBEN SIE IN IHREM „DEUTSCHEN WÖRTERBUCH" EINST ALS EIN GEBÄCK AUS PFEFFERNUSS. DIE SCHWÄBISCHEN NONNENFÜRZLE HEUTZUTAGE SIND EIN SCHMALZGEBÄCK, DAS MIT PUDERZUCKER SERVIERT WIRD.

FÜR DIE SCHMALZKUGELN
250 ml Milch
50 g Butter
1 Prise Salz
1 EL Zucker
125 g Weizenmehl, Type 405
3 Eier (M)
1 Msp. Backpulver
Ausreichend Fett zum Ausbacken
Puderzucker zum Bestäuben

ZEITAUFWAND
ca. 1 Stunde

KÜCHENUTENSILIEN
Schneebesen, ggf. Fritteuse oder hoher Kochtopf, Schaumlöffel, Küchenpapier

SCHWIERIGKEITSGRAD
Einfach

1| Für den Brandteig in einem Topf die Milch, Butter und Salz unter Rühren zum Kochen bringen. Wenn die Milch kocht den Topf vom Herd nehmen und das Mehl nach und nach einrühren. Den Topf wieder auf den Herd stellen und bei mittlerer Hitze weiterrühren. Wenn sich der Teig vom Boden löst, den Topf wieder vom Herd nehmen. Eier, Zucker und Backpulver dazugeben und alles vermengen.

2| Das Fett in einer Fritteuse oder einem hohen Topf erhitzen. Ein Blech mit Küchenpapier auslegen und bereitstellen.

Wenn das Fett heiß genug ist, mit zwei Teelöffeln kleine Portionen abstechen. Für jeweils 2 Minuten schwimmend im Fett backen. Wenn die Nonnenfürzle knusprig und goldgelb sind, mit einem Schaumlöffel aus dem Topf nehmen und auf dem Küchenpapier abtropfen lassen.

Die Nonnenfürze mit Puderzucker bestäuben und warm servieren.

SÜSSES

113
THÜRINGEN

THÜRINGEN

Biersuppe

Dank Johannisbeergelee erhält die würzige Biersuppe eine süsse Note. Wer es etwas milder mag, kann statt dunklem Bier helles verwenden.

FÜR 4 PERSONEN

FÜR DIE SUPPE
4 Scheiben Roggenbrot
2 EL Butter
125 g saure Sahne
1 l dunkles Bier/Doppelbock
1/2 TL Kümmel, gemahlen
2 Eier (M)
2 EL Speisestärke
1 Bund Schnittlauch
50 g Johannisbeergelee
Salz und Pfeffer

GARNITUR (NACH GESCHMACK)
Geröstete Apfelstücke und Zwiebeln

ZEITAUFWAND
30 Minuten

KÜCHENUTENSILIEN
Schneebesen oder Handmixer, Küchenpapier

SCHWIERIGKEITSGRAD
Einfach

1| Das Brot in Rauten schneiden und in einer Pfanne mit etwas Butter goldbraun rösten. Anschließend herausnehmen und auf einem Teller mit Küchenpapier abtropfen lassen.

2| In einem großen Topf das Bier zusammen mit dem Kümmel aufkochen. In einer separaten Schüssel die Stärke mit etwas kaltem Wasser anrühren und mit den Eiern verquirlen. Den Schnittlauch waschen und in kleine Röllchen hacken.

3| Unter Rühren Stärke und Eier zum Bier geben. Johannisbeergelee und saure Sahne hinzufügen und verrühren. Die Suppe mit Salz und Pfeffer abschmecken.

Die Biersuppe auf einem tiefen Teller anrichten, mit Schnittlauch bestreuen und die Brotrauten dazulegen.

VEGETARISCH

THÜRINGEN

Mutzbraten

Saftig-knuspriger Spießbraten vom Grill. Im Original über Birkenholz geräuchert. Dazu gibt es Sauerkraut, eine Scheibe Brot und ein kühles Bier!

FÜR DAS FLEISCH
1 kg Schweinefleisch vom Kamm (ausgelöst)
1 EL Thymian, frisch gehackt
3 EL Majoran, frisch gehackt
2 EL Senf
1 1/2 EL Pflanzenöl
1 Knoblauchzehe
1 1/2 Zwiebeln
Salz
Pfeffer

FÜR 4 PERSONEN

ZEITAUFWAND
ZUBEREITEN 20 Minuten
RUHEN 24 Stunden
GAREN 30 Minuten

KÜCHENUTENSILIEN
4 Grillspieße aus Metall,
Grill mit Holzkohle/ Birkenholz

SCHWIERIGKEITSGRAD
Einfach

1| Den Mutzbraten einen Tag vorher marinieren. Zu Beginn das Schweinefleisch waschen, trockentupfen und in ca. 5 x 5 cm große Stücke schneiden. Die Zwiebeln schälen und fein würfeln. In einer Schüssel Zwiebeln, Gewürze, Senf, Öl und gepresste Knoblauchzehe zu einer Marinade verrühren. Kräftig mit Pfeffer und Salz würzen.

2| Die Fleischstücke in der Marinade wenden und sie mit den Händen einmassieren. Das Fleisch über Nacht in einen Frischhaltebeutel geben und verschlossen ziehen lassen. Ab und zu durchkneten.

3| Den Grill vorheizen. Die Fleischstücke dicht aneinander auf die Spieße stecken. Unter Wenden für ca. 30 Minuten grillen. Der Mutzbraten ist fertig, wenn er außen schön knusprig ist.

Das Fleisch vom Spieß nehmen und anschneiden. Dazu passen Sauerkraut und Brot.

FLEISCH

Sauerkraut

EIN KOHLKOPF IST SO ERGIEBIG, DASS MAN DIREKT MEHRERE GLÄSER PRODUZIERT. UNBEHANDELTER KOHL ENTHÄLT ÜBRIGENS MEHR MILCHSÄUREBAKTERIEN, DIE DEN GÄRPROZESS UNTERSTÜTZEN.

FÜR DAS SAUERKRAUT
1 Kopf Bio-Weißkohl, mittelgroß
1 1/2 EL Salz
1 Boskop Apfel
1 Zwiebel
8 Wacholderbeeren
1 Lorbeerblatt
1/2 TL schwarze Pfefferkörner

ZEITAUFWAND
ZUBEREITEN 30 Minuten
RUHEN 3 Wochen

KÜCHENUTENSILIEN
Einmachgläser/Bügelgläser (ca. 1 Liter), kleine Gläschen, Küchenhobel

SCHWIERIGKEITSGRAD
Mittelschwer

1| Mit einem scharfen Messer den Weißkohl halbieren. Die äußeren Blätter abnehmen, putzen und beiseite legen. Den Strunk herausschneiden. Den Kohl über einen Gemüsehobel in eine große Schüssel reiben.

2| Den Kohl mit 1 1/2 EL Salz und 2 Prisen Zucker vermengen. Ordentlich durchkneten bis genug Flüssigkeit hervorgetreten ist.

3| Den Apfel halbieren und das Kerngehäuse entfernen. Eine Hälfte schälen und feinhobeln. Die andere Hälfte in Spalten schneiden. Die Zwiebel abziehen, halbieren und feinhobeln. Das Kraut mit Zwiebel- und Apfelhobeln vermengen.

4| In ein Einmachglas Wacholderbeeren und Lorbeerblätter geben. Schicht für Schicht den Kohl und Apfelspalten in das Glas geben und ordentlich mit den Händen festdrücken um Luftlöcher zu vermeiden.

4| Den Kohl mit einem Kohlblatt bedecken und festdrücken, sodass die Flüssigkeit bis nach oben steigt. Das kleine Glas darauf stellen und den Deckel des Einmachglases fest verschließen. Für 3 Tage an einen warmen Ort stellen, danach mindestens 3 Wochen kühl lagern.

Zum Servieren Sauerkraut mit etwas Butter in einem Topf erwärmen.

FÜR 1 KG SAUERKRAUT

Wenig Kohlenhydrate, viel Vitamin C!

VEGAN

Heidelbeer-Käsekuchen

Käsekuchen mit Mürbeteig, gerösteten Mandelblättern und frischen Heidelbeeren oben drauf. Am besten im Sommer eine flache Schüssel schnappen und selbst wilde Heidelbeeren im Wald pflücken.

FÜR 4 PERSONEN

FÜR DEN MÜRBETEIGBODEN
- 350 g Weizenmehl, Type 405
- 1/2 Pck. Vanillezucker
- 70 g Rohrohrzucker
- 175 g Butter
- 1 Ei (M)
- 1 Prise Salz
- Sonnenblumenöl für die Form
- 1 Handvoll Mandelblätter

FÜR FÜLLUNG UND BELAG
- 800 g Magerquark
- 150 g Rohrohrzucker
- 3 Eier (M)
- 1 TL Vanilleextrakt
- 300 g Heidelbeeren, frisch
- 9 TL Heidelbeermarmelade
- Biozitronenschale, gerieben
- 2 EL Zitronensaft

ZEITAUFWAND
ZUBEREITEN 20 Minuten
BACKEN 60 Minuten

KÜCHENUTENSILIEN
Gefettete Springform (Ø 26 cm), Zitronenreibe, Küchensieb

SCHWIERIGKEITSGRAD
Einfach

1| Den Backofen auf 180 °C Ober- und Unterhitze vorheizen. Die Mandelblätter auf einem Backblech mit Backpapier veteilen, in den Ofen stellen und ca. 10 Minten rösten lassen.

2| Alle Zutaten für den Teig vermengen. Den Boden der Springform mit 2/3 des Teigs bedecken. Aus dem Rest eine Wurst rollen und gleichmäßig an den Rand drücken. Mit einer Gabel kleine Löcher in den Teig stechen. Den Boden mit gerösteten Mandelblättern bedecken.

3| Den Quark in einem Sieb abtropfen lassen. Zucker, Eier, Vanilleextrakt, Salz, ca. 1/2 Zitronenschale und -saft in einer Schüssel vermengen. Löffelweise Quark hinzugeben und verrühren.

4| Die Füllung in die Springform geben. Den Kuchen eine Stunde backen. Anschließend 20 Minuten auskühlen lassen.

5| Unterdessen die Heidelbeeren verlesen und waschen. Die Heidelbeeren in einer Schüssel mit der Marmelade vermengen, ggf. mit etwas Zitronensaft abschmecken. Auf dem Kuchen verteilen.

Den Heidelbeerkäsekuchen abkühlen lassen, in Stücke schneiden und servieren.

SACHSEN

Buttermilchgetzen

EIN GERICHT AUS DEM ERZGEBIRGE: PFANNKUCHEN MIT BUTTERMILCH UND KARTOFFELN. DAZU PASST FRUCHTKOMPOTT JEDER ART, SPECK ODER EINFACH ZUCKER.

FÜR DEN TEIG
1 kg Kartoffeln
500 ml Buttermilch
120 g Speck
Salz
Kümmel
Leinöl für die Form

FÜR 4 PERSONEN

ZEITAUFWAND
30 Minuten

BEILAGEN
Apfel-/Beerenkompott oder Zucker

KÜCHENUTENSILIEN
Auflaufform

SCHWIERIGKEITSGRAD
30 Minuten

1| Die Kartoffeln schälen und waschen. Mit einer feinen Küchenreibe die Kartoffeln in eine Schüssel reiben. Den Speck würfeln. In einer Auflaufform bei mittlerer Hitze mit wenig Butter auslassen.

2| Den Backofen auf 220 °C Ober- und Unterhitze vorheizen. Die Kartoffeln mit der Buttermilch und dem Salz vermengen.

3| Die Auflaufform mit etwas Leinöl fetten und den Teig hineingeben. Die Form in den Backofen stellen und den Buttermilchgetzen 45 Minuten knusprig backen.

Anschließend auf Teller portionieren und noch heiß mit Kompott servieren.

VEGETARISCH

PRASSELKUCHEN

EIN BLÄTTERTEIGKUCHEN MIT PFLAUMENMUS UND STREUSELN AUS DER DDR. VARIATIONEN SIND PRASSELSCHNITTEN MIT NUSSFÜLLUNG ODER ZUCKERGLASUR.

FÜR DEN BODEN
1,2 kg Zwetschgen
1 Glas Pflaumenmus
1 Pck. Blätterteig

FÜR DIE STREUSEL
220 g Weizenmehl, Type 405 oder 550
100 g Rohrohrzucker
1 Pck. Vanillezucker
125 g Butter
1/4 TL Zimt

ZEITAUFWAND
ZUBEREITEN 10 Minuten
BACKEN 20 Minuten

KÜCHENUTENSILIEN
Backblech, Rührschüssel, Handmixer mit Knethaken

SCHWIERIGKEITSGRAD
Einfach

1| Die Zwetschgen waschen, halbieren und entsteinen. Auf einem Backblech mit Backpapier den Blätterteig auslegen und dünn mit dem Mus bestreichen. Die Zwetschgen darauf verteilen.

2| Den Backofen auf 180 °C Ober- und Unterhitze vorheizen. Alle Zutaten für den Streuselteig in einer Schüssel mit einem Handmixer zu einem Teig verkneten.

3| Mit den Händen den Streuselteig über die Pflaumen streuen und das Blech in den Backofen schieben. Den Kuchen für 20 Minuten backen. Anschließend aus dem Backofen nehmen und kurz auskühlen lassen.

Den Prasselkuchen in Stücke schneiden und servieren.

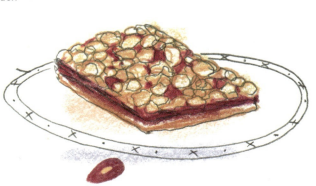

SÜSSES

SACHSEN

Sexysches Senffleisch

DDR-REZEPT FÜR SÄCHSISCHES RINDERGULASCH MIT SENF UND SALATGURKE. DAZU PASSEN SALZKARTOFFELN UND EIN KNACKIG-FRISCHER SALAT!

FÜR DEN EINTOPF
3 Zwiebeln, groß
500 g Rindfleisch, z. B. aus der Schulter oder Wade
3 Scheiben Pumpernickel
750 ml Wasser
3 EL Butter
Selleriesalz
2 Gewürznelken
1/2 TL Kümmelsamen
1 Salatgurke
2 EL Senf, scharf
1 kg Kartoffeln
etwas Petersilie
Salz und Pfeffer

ZEITAUFWAND
30 Minuten

SCHMORZEIT
1,5 Stunden

KÜCHENUTENSILIEN
Schmortopf

SCHWIERIGKEITSGRAD
Einfach

FÜR 1 BLECH

1| Das Fleisch waschen, trockentupfen und in grobe Stücke schneiden. Die Zwiebeln schälen, halbieren und in Streifen schneiden. In einem Schmortopf die Butter erhitzen und das Fleisch darin von allen Seiten anbraten. Dann die Zwiebeln hinzugeben und kurz anbraten. mit dem Selleriesalz und Pfeffer würzen.

2| Das Wasser zum Kochen bringen und das Fleisch damit übergießen, sodass es gerade bedeckt ist. Die Gewürznelken und den Kümmel hinzugeben. Das Fleisch in dem Topf mit einem Deckel 90 Minuten bei mittlerer Hitze schmoren lassen. Zwischendurch umrühren und das Fleisch ggf. mit etwas mehr kochendem Wasser bedecken.

3| In der Zwischenzeit die Gurke abwaschen und in Stücke schneiden und das Brot kleinbröseln. Die Kartoffeln schälen, waschen und in Stücke schneiden. In einem Kochtopf mit Salzwasser ca. 20 Minuten gar kochen.

4| 10 Minuten vor Schluss das Brot und die Gurke zum Fleisch geben und weitergaren. Den Senf zum Fleisch hinzugeben und mit Salz und Pfeffer abschmecken.

Die Petersilie hacken. Die Kartoffeln abgießen und ein paar auf dem Teller anrichten. Etwas Fleisch hinzugeben und alles mit der Petersilie bestreuen.

Echtes Leipziger Allerlei

MIT FLUSSKREBSEN, MORCHELN, FRISCHEM SPARGEL UND KREBSBUTTER KEHRT DAS LEIPZIGER ALLERLEI ZURÜCK ZU SEINER URSPRÜNGLICHEN FORM. DAZU PASSEN KLEINE SEMMELKLÖSSCHEN.

FÜR 4 PERSONEN

FÜR DAS ALLERLEI
350 g Flusskrebsschwänze, TK, aufgetaut
25 g Spitzmorcheln, getrocknet
100 g Butter
500 g Erbsenschoten
350 g Blumenkohl
12 junge Möhren
400 g Spargel, weiß
2 gestrichene EL Mehl
1 Prise Zucker
1/2 EL Krebsbutter
200 ml Sahne
4 EL Weißwein, trocken
ein paar Zweige Kerbel
Salz und Pfeffer

BEILAGEN
Semmelklöße (Rezept S. 122)

ZEITAUFWAND
60 Minuten

KÜCHENUTENSILIEN
Schneebesen, feines Sieb

SCHWIERIGKEITSGRAD
Mittelschwer

1| Morcheln in einer Schüssel mit 150 ml heißem Wasser übergießen und 15 Minuten ruhen lassen. Anschließend die Flüssigkeit durch ein feines Sieb auffangen. Die Morcheln stark ausdrücken und unter kaltem Wasser abwaschen.

2| Die Erbsen palen. Die Blumenkohlröschen abschneiden und waschen. Den Spargel schälen, das holzige Ende unten abschneiden. Die Möhren schälen.

3| In einem Topf Salzwasser mit einer Prise Zucker zum Kochen bringen. Den Spargel darin 5 Minuten garen, dann den Blumenkohl und die Möhren hinzugeben. Nach 5 Minuten Erbsen hinzugeben.

4| Wenn das Gemüse noch Biss hat (nach ca. 5 Min) mit einem Schaumlöffel herausnehmen und auf einen Teller legen. Mit Alufolie zudecken und bei 70 °C Umluft im Backofen warm halten. 250 ml vom Gemüsesud in einem Behälter auffangen.

5| Für die Soße 5 EL Butter und die Krebsbutter in einer Pfanne schmelzen lassen und mit Mehl dünn bestäuben. Mit einem Schneebesen oft umrühren, dann mit Weißwein ablöschen. Anschließend mit Morchel- und Gemüsefond ablöschen und alles köcheln lassen. Die Sahne hinzugeben und mit Pfeffer und Salz abschmecken.

6| In einer Pfanne den Rest der Butter erhitzen. Die Morcheln und Krebsschwänze darin kurz anbraten.

Auf einem Teller Gemüse, Krebsschwänze und Morcheln anrichten und mit der Soße übergießen. Dazu Semmelklößchen servieren.

175
SACHSEN-
ANHALT

Schusterpfanne

Dieses Gericht aus dem Harz wird komplett in einem Topf zubereitet. Umgeben von Zwiebeln, Birnen und Kartoffeln ragt der Schweinebraten auf wie ein Schuh. Daher kommt der Name „Schusterpfanne".

FÜR 4 PERSONEN

FÜR DEN BRATEN
800 g Schweinekamm, ohne Knochen
1 l Fleischbrühe
750 g Kochbirnen
750 g Kartoffeln
500 g Zwiebeln
2 TL Kümmelsamen
3 – 4 Stängel frischer Beifuß, grob gehackt
1 TL Gewürznelken
Salz und Pfeffer

2 EL Butterschmalz

ZEITAUFWAND
ZUBEREITEN 20 Minuten
RUHEN 15 Minuten
BACKEN 45 Minuten

KÜCHENUTENSILIEN
Bräter mit Deckel

SCHWIERIGKEITSGRAD
Einfach

1| Den Backofen auf 200 °C Ober- und Unterhitze vorheizen. Das Fleisch ordentlich salzen und pfeffern. Den Bräter mit Butter erhitzen und das Fleisch rundherum darin anbraten. Mit 500 ml Brühe ablöschen und anschließend zugedeckt für 45 Minuten im Backofen garen.

2| Währenddessen die Birnen schälen, entkernen und vierteln. Die Zwiebeln und Kartoffeln ebenfalls schälen und vierteln. Den Beifuß waschen und fein hacken.

3| Den Bräter aus dem Backofen nehmen und das Gemüse um den Braten herum schichten. Alles komplett mit der restlichen Brühe übergießen.

Mit Salz, Pfeffer, gehacktem Beifuß würzen. Über die Kartoffeln Kümmelsamen und über die Birnen Nelken verteilen. Nochmals für 45 Minuten im Backofen garen.

Den Braten mit einem großen Messer in Scheiben schneiden. Jeweils eine Scheibe auf einem Teller anrichten. Kartoffeln, Birnen und Zwiebeln dazugeben und mit dem Bratensud übergießen.

QUARKKÄULCHEN

EIN SÜSSER DDR-SNACK: KLEINE KARTOFFELQUARKTALER, KNUSPRIG GEBACKEN IN DER PFANNE MIT OBSTKOMPOTT UND PUDERZUCKER.

FÜR 4 PERSONEN

FÜR DIE QUARKKÄULCHEN
500 g Kartoffeln, mehligkochend
500 g Magerquark
150 g Weizenmehl, Type 405
50 g Rohrzucker
2 Pck. Vanillezucker
1 Ei (M)
1 TL Biozitronenschale, gerieben

2 EL Butter zum Anbraten

BEILAGEN
Apfel-, Pflaumen- oder Rhabarberkompott, etwas Puderzucker

ZEITAUFWAND
30 Minuten

KÜCHENUTENSILIEN
Kartoffelpresse, Küchenpapier

SCHWIERIGKEITSGRAD
Einfach

1| Einen Topf mit Salzwasser zum Kochen bringen. Die Kartoffeln schälen, vierteln und gar kochen.

2| Mit einer Presse die Kartoffeln in eine Rührschüssel drücken. Den Rest der Zutaten hinzugeben alles vermengen. Aus dem Teig kleine Taler formen.

3| In einer Pfanne Butter erhitzen. Einen Teller mit Küchenpapier bereitstellen. Die Käulchen von beiden Seiten goldgelb anbraten. Zum Abtropfen auf ein Küchenpapier legen.

Die fertig gebackenen Quarkkäulchen auf einem Teller mit Apfelmus und etwas Puderzucker servieren.

POTTSUSE

Ein würziger Brotaufstrich aus Fleisch, Gewürzen und frischem Knoblauch. Eingemacht hält sich die „Pottsuse" mehrere Jahre.

FÜR 5 GLÄSER À 220 ML

FÜR DEN BODEN
500 g Schweineschulter mit Schwarte
200 g Schweineschmalz
5 Gemüsezwiebeln, klein
150 ml heißes Wasser
2 Knoblauchzehen
1 Lorbeerblatt
5 g Thymianblätter, frisch
5 g Majoran, gerebelt
1 EL feines Meersalz, gestrichen
1/2 TL Pfeffer

ZEITAUFWAND
ZUBEREITEN 10 Minuten
KOCHEN 3 Stunden

KÜCHENUTENSILIEN
Kochtopf, ausgekochte Sturzgläser oder Einmachgläser

SCHWIERIGKEITSGRAD
Einfach

1| Die Zwiebeln und den Knoblauch schälen und fein hacken. Das Fleisch vom Knochen trennen, waschen und in kleine Würfel schneiden.

2| In einem Kochtopf etwas Schmalz erhitzen. Erst die Zwiebeln, dann den Knoblauch auf mittlerer Hitze andünsten.

3| Das Fleisch mit anbraten, das restliche Schmalz hinzugeben. Wenn es flüssig geworden ist, Wasser, den Knochen, Lorbeer und Gewürze hinzugeben. Mit einem Deckel zugedeckt bei mittlerer Temperatur 3 Stunden köcheln lassen, zwischendurch umrühren.

4| Wenn das Fleisch weich ist und sich zerdrücken lässt, ist die Pottsuse fertig. Lorbeerblätter und Knochen herausnehmen.

Gereinigte Sturz- oder Einmachgläser bereitstellen. Mit Pottsuse befüllen bis knapp unter den Rand, mit Deckel fest verschließen und umdrehen.

Am besten schmeckt der Aufstrich auf knusprigem Brot mit ein paar Gewürzgurken und Tomaten.

116
BRANDENBURG

ARME RITTER

DER FRENCH TOAST DER DDR. VARIANTE NUMMER EINS IST DIE „VERSOFFENE JUNGFER": STATT MILCH WIRD WÜRZIGER ROTWEIN WIE GLÜHWEIN VERWENDET. VARIANTE NUMMER ZWEI IST DER „REICHE RITTER": ARME RITTER MIT OBSTKOMPOTT.

FÜR 4 PERSONEN

FÜR DEN TOAST
4 Scheiben Weißbrot oder Zwieback
4 Eier
500 ml Milch
1/2 Vanilleschote
80 g Butter
Semmelbrösel
Biozitronenschale, gerieben
1 Msp. Zimt
1 TL Rohrohrzucker

ZEITAUFWAND
15 Minuten

SCHWIERIGKEITSGRAD
Einfach

1| Die Vanilleschote längst einschneiden, das Mark mit einem Messer heraus schaben. Etwas Zitronenschale, Vanille, Zucker, Zimt und Milch in einen kleinen Topf geben, verrühren und aufkochen. Anschließend in einen flachen Suppenteller geben.

2| Die Eier in einen weiteren Suppenteller aufschlagen. Ein bisschen Butter in eine Pfanne geben und diese erhitzen.

3| Das Brot erst in der Milch einweichen, dann in die aufgeschlagenen Eier tauchen. Im Anschluss in die Pfanne geben und von beiden Seiten anbraten.

4| Den Toast aus der Pfanne kurz auf ein Küchentuch oder eine Serviette legen und abtropfen lassen.

Den Armen Rittern mit einem Klecks Obstkompott zu mehr Reichtum verhelfen oder einfach mit Zucker bestreuen.

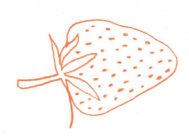

Spargel mit Sauce Hollandaise

WÄHREND DER WEISSE SPARGEL GESTOCHEN WIRD, SOBALD SEIN KOPF AN DER ERDOBERFLÄCHE ERSCHEINT, WÄCHST DER GRÜNE ÜBER DER OBERFLÄCHE WEITER. ER ERHÄLT SO MEHR VITAMINE UND KANN OHNE SCHÄLEN ZUBEREITET WERDEN.

FÜR 4 PERSONEN

SPARGEL UND KARTOFFELN
1 kg weißer Spargel
600 kg Kartoffeln, z. B. Drillinge
250 g roher und/oder gekochter Schinken
1 paar Stängel Petersilie, frisch
1 Prise Salz
1 Prise Zucker

FÜR DIE SOSSE HOLLANDAISE
4 Eigelbe (M)
3 EL Weißwein, zB. Riesling
1 EL Wasser
130 g Butter
etwas Zitronensaft
1 Prise Salz
Weißer Pfeffer

ZEITAUFWAND
ca. 1 Stunde

KÜCHENUTENSILIEN
Sparschäler, Schaumlöffel oder Küchenzange

SCHWIERIGKEITSGRAD
ca. 1 Stunde

1| Den Spargel waschen und schälen. Die holzigen Enden des Spargels entfernen. Die Kartoffeln putzen.

2| Die Kartoffeln in einem Topf mit Salzwasser gar kochen. Den Spargel in einem Topf mit kochendem Wasser, einer Prise Salz und einer Prise Zucker für 10 - 15 Minuten bissfest kochen.

3| Unterdessen in einem kleinen Topf die Butter bei niedriger Temperatur schmelzen und vom Herd nehmen. Ein Wasserbad mit einer Metallschüssel bereitstellen.

4| Die drei Eigelbe vom Eiklar trennen und in der Metallschüssel über dem Wasserbad mit dem Weißwein und drei Löffeln Wasser verquirlen. Die flüssige Butter im feinen Strahl und unter Rühren hinzugeben. Wenn die Soße schön cremig ist, mit Zitronensaft, Salz und weißem Pfeffer abschmecken.

Den Spargel mithilfe eines Schaumlöffels oder einer Küchenzange aus dem Wasser nehmen und zusammen mit dem Schinken und ein paar Kartoffeln auf einem Teller anrichten. Mit Soße Hollandaise übergießen und mit etwas frisch gehackter Petersilie bestreuen.

Eisbein mit Erbspüree

EIN DEFTIGES GERICHT AUS BERLIN UND BRANDENBURG, DAS SCHON MARLENE DIETRICH BESONDERS GUT MUNDETE. AUCH AUS DEM BACKOFEN MIT EINER KNUSPRIGEN KRUSTE IST DAS EISBEIN EIN GENUSS.

FÜR 4 PERSONEN

FÜR DAS EISBEIN
4 Schinkeneisbeine, gepökelt
1 Bund Suppengrün
100 g Schinkenspeckwürfel
3 Zwiebeln
5 Nelken
5 Lorbeerblätter
10 Wacholderbeeren
15 Pimentkörner
20 Pfefferkörner, weiß
3 EL Schweine- oder Gänseschmalz
1 Prise Zucker
300 g Sauerkraut (Rezept S. 131)
1 - 2 EL Salz

FÜR DAS ERBSPÜREE
300 g grüne Erbsen (gepalt aus 1000 g Erbsenschoten) oder TK
1 EL Butter
Salz und Pfeffer

ZEITAUFWAND
ZUBEREITEN 20 Minuten
RUHEN 4 Stunden
GAREN 30 Minuten

KÜCHENUTENSILIEN
Ein großer Topf, Schaumlöffel, Suppenkelle, Kartoffelstampfer oder Pürierstab

SCHWIERIGKEITSGRAD
Mittelschwer

1| Das Suppengrün putzen und klein schneiden. Die Zwiebeln abziehen, zwei halbieren und in Spalten schneiden. Die Eisbeine in einem großen Topf mit kaltem Wasser bedecken. Suppengrün, Salz, Zwiebelspalten, Nelken, 10 Pimentkörner, 6 Wacholderbeeren und Pfeffer hinzugeben. Langsam hochkochen. Für 1 bis 2 Stunden auf kleiner Flamme sieden lassen. Schaum regelmäßig mit dem Schaumlöffel abschöpfen.

2| Die Eisbeine aus der Brühe nehmen. Auf einem Teller mit Alufolie bedeckt im Ofen bei 70 °C Umluft warm halten. Die Brühe durch ein Sieb gießen und beiseite stellen.

3| Die dritte Zwiebel würfeln. Eine Pfanne mit Schmalz erhitzen. Die Zwiebel und den Speck kurz andünsten, dann Sauerkraut hinzugeben. Mit einer Kelle vom Fleischfond ablöschen. Restlichen Wacholder, Lorbeer, Piment und Zucker hinzugeben und köcheln lassen. Wenn die Flüssigkeit verdampft ist und das Kraut noch Biss hat, den Topf vom Herd nehmen.

4| Die Erbsen in einem Topf mit Eisbeinbrühe gar kochen. Anschließend abschütten und mit einem Kartoffelstampfer oder Pürierstab pürieren. In einem Topf Butter schmelzen lassen, Erbsenpüree hinzugeben, salzen und pfeffern, ggf. etwas Brühe hinzugeben.

Jeweils ein Eisbein mit Sauerkraut und Erbsenpüree auf einem Teller anrichten.

— Soll ich dir noch auftun?

— Nein, danke.

— SCHMECKT'S DIR NICHT?!

INSTAGRAM: @ALMAN_MEMES2.0

NOTIZEN

NOTIZEN

Dankeschön!

GUT DING WILL WEILE HABEN. ABER WENN MUT UND ZUVERSICHT EINEN VERLASSEN, WIRKT EIN KLEINES KOMPLIMENT VON AUSSEN WUNDER.

Der Dank gebührt meinen Freunden, die für mich immer Quell der Inspiration und Stärke waren und die mich bei diesem intensiven Projekt unterstützt haben. Für ihr Wissen, ihr gutes Zureden, für Speis und Trank und Weinabende auf ihren gemütlichen Sofas danke ich ihnen sehr. Besondere Erwähnung sollten finden: Sonja, Tina, Benny und Felix!

Dank an all die Foodblogger und Youtuber, die sich die Mühe machen, ihre Erfahrung mit Hobbyköchen wie mir zu teilen.

Ebenso gebührt der Dank meinen Eltern. Meinem Vater, der stets eine Sorgfalt und Liebe beim Kochen an den Tag legt, die mich sehr geprägt hat. Meiner Mutter, die mit mir ihr Spezialwissen über Semmelknödel teilte. Die nicht müde wurde, in der Weihnachtszeit letzte Gerichte gemeinsam mit mir zu kochen und die gutes Essen von Herzen genießt.

Ich danke meinem Freund Lukas, der mich in stressigen Phasen aufgefangen und unterstützt hat. Mit ihm zusammen habe ich Wirtshäuschen und Restaurants besucht, lange Stunden in der Küche Rezepte diskutiert und ausprobiert. Es hat Spaß gemacht, mit ihm meine Vorfreude zu teilen. Wenn ich einmal voller Sorge oder im Stress war, wartete immer ein Kompliment oder Franzbrötchen auf mich. Danke dir vielmals!

Ich danke meiner Verlegerin Annette Köhn und meiner Atelierkollegin Lihie Jacob in Berlin, die von Anfang an Feuer und Flamme für mein Projekt waren und mich unterstützt haben.

9783946642855.3

IMPRESSUM

TEXT & GESTALTUNG:
Anni von Bergen
annivonbergen.com

HERAUSGEBER:
Jaja Verlag
Fein illustrierte Machwerke
Annette Köhn
jajaverlag.com

DRUCK & BINDUNG:
JELGAVAS TIPOGRĀFIJA
Jelgava, Lettland

PAPIER: Munken, Papyrus

VERWENDETE SCHRIFTEN:
DIN Alternate und Condensed

Erstausgabe
März 2020, Berlin
© Anni von Bergen & Jaja Verlag
ISBN 978-3-946642-85-5

Alle Rechte vorbehalten. Dieses Buch oder Teile dürfen nicht vervielfältigt, in Datenbanken gespeichert oder in irgendeiner Form übertragen werden ohne schriftliche Genehmigung des Verlags.

ÜBER DIE AUTORIN

Anni von Bergen wurde 1989 in Kamen, in der Nähe von Dortmund geboren. Nach dem Bachelorstudium an der Münster School of Design ging sie nach Berlin, um als Freiberuflerin und Dozentin im Bereich (Experimentelle) Buchillustration, Editorial und Szenografie zu starten.

2017 wurde sie mit ihrer Bachelorarbeit Don Giovanni (Kunstanstifter Verlag) für den Hans-Meid-Preis nominiert. Derzeit absolviert sie ihren Illu-Master an der HAW in Hamburg.

Sie illustriert gerne in analogen Techniken, wie Buntstift, Collage und Acryl.

Neben dem Kochen findet Anni Inspiration in Malereien von Bacon und Schiele, liest fremdsprachige Literatur, z. B. Gedichte von Bukowski und findet Ruhe auf Wanderungen durch skandinavische Wälder.